STARK

TRAINING FRANZÖSISCH

Werner Wußler

Französisch im 1. Lernjahr

Aufgaben mit Lösungen

Gymnasium

STARK

Bildnachweis
Umschlagbild: © Bernd Wiedemann

ISBN 978-3-89449-956-3

www.stark-verlag.de
1. Auflage 2007

Inhalt

Fortsetzung siehe nächste Seite

Autor: Werner Wußler
Illustrator: David Fuchs

Vorwort an die Schüler

Liebe Schülerin, lieber Schüler,

du hast erst vor kurzem begonnen, Französisch zu lernen. Aber hättest du nicht Lust, bald schon ein französisches Comic zu lesen, auf französischen Internetseiten die neuesten Informationen zu deinen französischen Stars zu sammeln oder deinen Eltern bei den Reisevorbereitungen nach Frankreich zu helfen? Dazu ist es aber wichtig, dass du den **Stoff des ersten Lernjahrs**, die Grundlagen also, gut beherrschst. Dabei wird dir dieses Buch helfen.

- In den einzelnen Kapiteln wird die **Grammatik** des ersten Lernjahrs verständlich erklärt und durch **Beispielsätze** verdeutlicht.
- Zu jedem Kapitel gibt es viele abwechslungsreiche **Aufgaben**. Mit deren Hilfe kannst du selbstständig die **Grammatik** einüben und deinen französischen **Wortschatz** wiederholen und erweitern. Trau dich auch, französische Sätze selbst zu formulieren. Die etwas kniffligeren Aufgaben sind mit einem Sternchen * gekennzeichnet.
- Solltest du ein Wort, das in den Aufgaben vorkommt, nicht kennen oder es wieder vergessen haben, so kannst du es im **Vokabelverzeichnis** im Anhang nachschlagen.
- Zu jeder Aufgabe findest du im hinteren Teil des Buches eine ausführliche **Lösung**. Damit du möglichst schnell Fortschritte machst, ist es am besten, wenn du ehrlich zu dir bist und erst dort nachschaust, wenn du die Aufgabe vollständig gelöst hast oder wenn du überhaupt nicht mehr weiterweißt. Überlege dir genau, warum dir ein Fehler unterlaufen ist. So wirst du ihn das nächste Mal bestimmt nicht noch einmal machen!

Du musst nicht den ganzen Band von vorne bis hinten durcharbeiten. Vielmehr bietet dir dieses Buch die Möglichkeit, dich auf die Themen zu konzentrieren, die dir in der Schule Schwierigkeiten bereiten. Vor allem vor **Klassenarbeiten** bzw. **Schulaufgaben** wird dir dieses Buch wertvolle Hilfe leisten, weil du gezielt das aufarbeiten kannst, was von dir verlangt wird.

Ich wünsche dir viel Spaß und Erfolg mit diesem Buch.

Bonne chance !

Vorwort an die Eltern

Liebe Eltern,

Ihr Kind hat vor kurzem damit begonnen, Französisch zu lernen. Es ist eine neue Sprache mit eigenen Strukturen, an die sich Ihr Kind erst gewöhnen muss. Dieser Band hilft ihm dabei und verhindert außerdem, dass bereits zu Beginn größere Lücken in der Beherrschung der Grammatik und des Wortschatzes auftreten.

- Das Buch ist in mehrere Kapitel untergliedert, die die **Grammatik** des ersten Lernjahrs aufgreifen. Diese wird anschaulich und umfassend erklärt und mit einfachen **Beispielsätzen** illustriert.
- Da es wichtig ist, die Grammatik auch praktisch anzuwenden, enthält jedes Kapitel zahlreiche und abwechslungsreiche **Aufgaben**. Diese sind so konzipiert, dass dabei nicht nur die Grammatik eingeübt wird, sondern dass auch der **Wortschatz** wiederholt und Fähigkeiten wie das **eigenständige Formulieren** in der Fremdsprache trainiert werden. Die etwas anspruchsvolleren Aufgaben sind mit einem Sternchen* gekennzeichnet.
- Im **Anhang** findet sich ein ausführliches **Vokabelverzeichnis**, das alle Wörter des Bandes enthält.
- Zu jeder Aufgabe findet sich im hinteren Teil des Buches eine ausführliche **Lösung**. Achten Sie darauf, dass Ihr Kind erst dort nachschaut, wenn es die Aufgabe bereits selbst gelöst hat. Günstig ist es, wenn es die Aufgaben, in denen es Fehler gemacht hat, nach einigen Tagen noch einmal löst.

Der Band muss nicht von vorne bis hinten durchgearbeitet werden. Vielmehr sollten die Themen herausgegriffen werden, die Ihrem Kind in der Schule Schwierigkeiten bereiten. Vor allem vor **Klassenarbeiten** bzw. **Schulaufgaben** wird dieses Buch Ihrem Kind wertvolle Hilfe leisten, da es gezielt das aufarbeiten kann, was von ihm verlangt wird.

… rund ums Nomen

1 Der Artikel

Artikel, auch Begleiter genannt, stehen immer in Verbindung mit einem Substantiv.
Man unterscheidet zwischen
- **unbestimmten Artikeln** und
- **bestimmten Artikeln**.

1.1 Der unbestimmte Artikel

Wie lautet der unbestimmte Artikel im Singular?
Im Französischen gibt es im Unterschied zum Deutschen nur zwei grammatische Geschlechter. Daher gibt es auch beim unbestimmten Artikel **nur zwei Formen**:
- männlich (**Maskulinum**, abgekürzt: m.): ***un***
- weiblich (**Femininum**, abgekürzt: f.): ***une***

Beispiele: David est un garçon.
Sophie est une fille.

Kann das Geschlecht aus dem Deutschen übernommen werden?
Im Französischen ist das grammatische Geschlecht oft anders als im Deutschen. Die Übersetzung von *un* ist nicht immer ‚ein' und die Übersetzung von *une* ist nicht immer ‚eine'.

Beispiele: un dessin — *eine Zeichnung*
une maison — *ein Haus*

Das bedeutet für dich, dass du ein **neues Wort immer mit dem Artikel** lernen musst.

ufgabe 1 Welche französischen Substantive verbergen sich in der Schlange?
Schreibe zu jedem Substantiv den unbestimmten Artikel dazu. Achtung: Eines der gesuchten Wörter kann sowohl einen maskulinen als auch einen femininen Artikel haben.

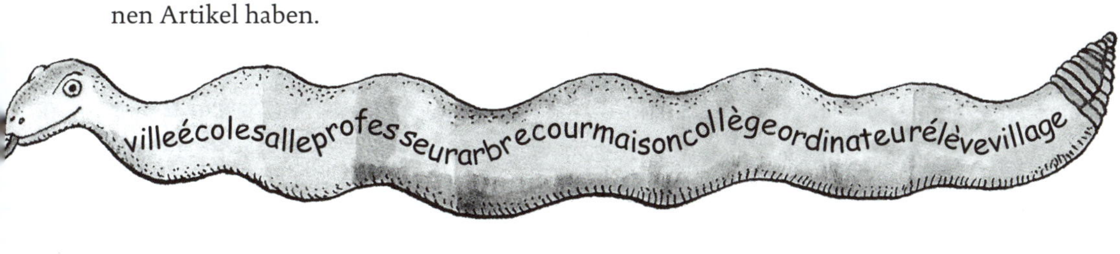

Aufgabe 2 Benenne die Gegenstände, die du in Adriens Zimmer siehst. Füge den unbestimmten Artikel hinzu.

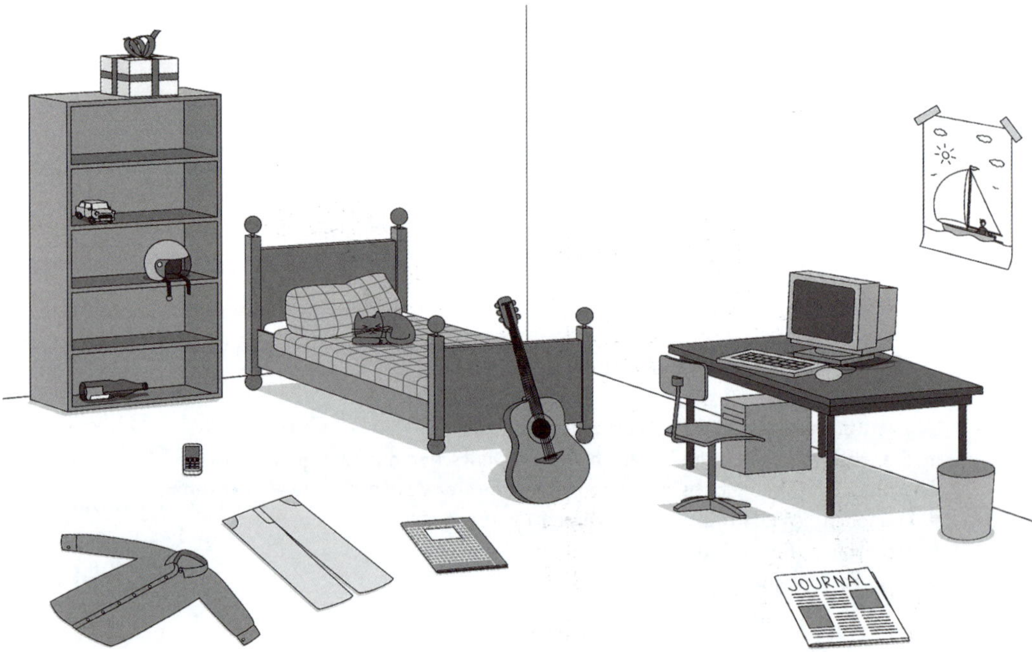

1 un lit

2 ______

3 ______

4 ______

5 ______

6 ______

7 ______

8 ______

9 ______

10 ______

11 ______

12 ______

13 ______

14 ______

15 ______

16 ______

17 ______

18 ______

ufgabe 3 Schraffiere alle Felder, die ein feminines Substantiv enthalten. Am Schluss erhältst du ein Tier. Schreibe noch einmal alle (maskulinen und femininen) Substantive unter das Bild und füge den unbestimmten Artikel hinzu.

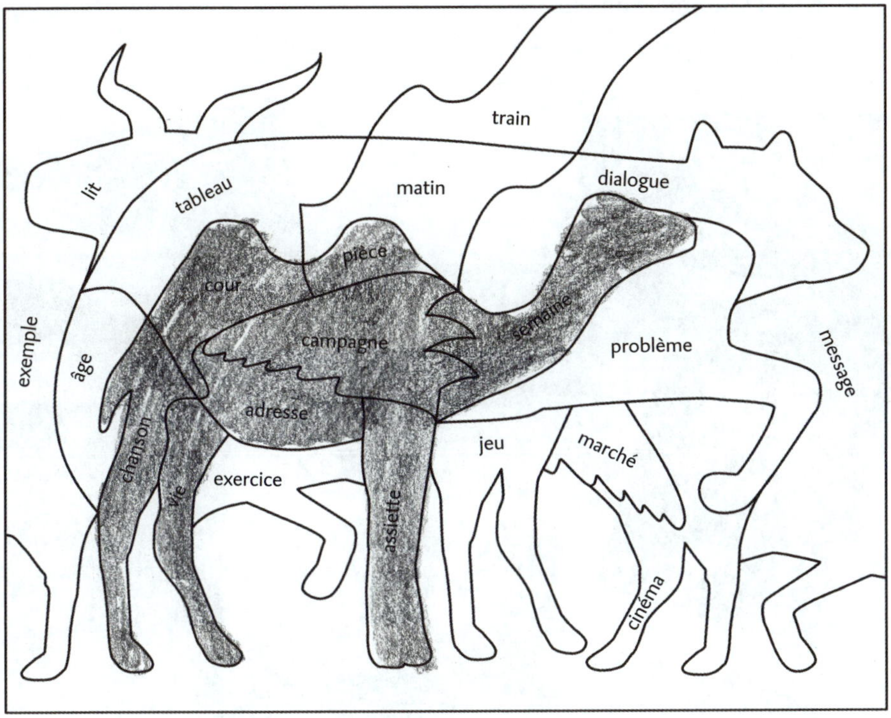

1 ______________________ 2 ______________________

3 ______________________ 4 ______________________

5 ______________________ 6 ______________________

7 ______________________ 8 ______________________

9 ______________________ 10 ______________________

11 ______________________ 12 ______________________

13 ______________________ 14 ______________________

15 ______________________ 16 ______________________

17 ______________________ 18 ______________________

19 ______________________ 20 ______________________

Aufgabe 4 Adrien und Caroline haben Fotos gemacht. Was kannst du auf ihnen erkennen? Trage die französischen Bezeichnungen in das Rätsel ein und ergänze sie mit dem unbestimmten Artikel. Wenn du alles erkannt hast, erfährst du, wo Adrien und Caroline wohnen.

article indéfini

1 ______
2 ______
3 ______
4 ______
5 ______
6 ______
7 ______
8 ______
9 ______
10 ______
11 ______

Wie lautet der unbestimmte Artikel im Plural?

Den unbestimmten Artikel kannst du auch in den Plural, also in die Mehrzahl, setzen.
Er lautet sowohl für das Maskulinum also auch für das Femininum ***des***.

	Singular	Plural
Beispiele:	Julien achète un livre.	Anne achète des livres.
	M. Guérin pose une question.	Mme Guérin pose des questions.

Im Deutschen gibt es im Unterschied zum Französischen keinen Plural des unbestimmten Artikels. Du merkst das, wenn du die obigen Beispielsätze übersetzt.

	Singular	Plural
Beispiele:	*Julien kauft ein Buch.*	*Anne kauft Bücher.*
	M. Guérin stellt eine Frage.	*Mme Guérin stellt Fragen.*

Aufgabe 5 Setze die Substantive in die richtige Pyramide ein.

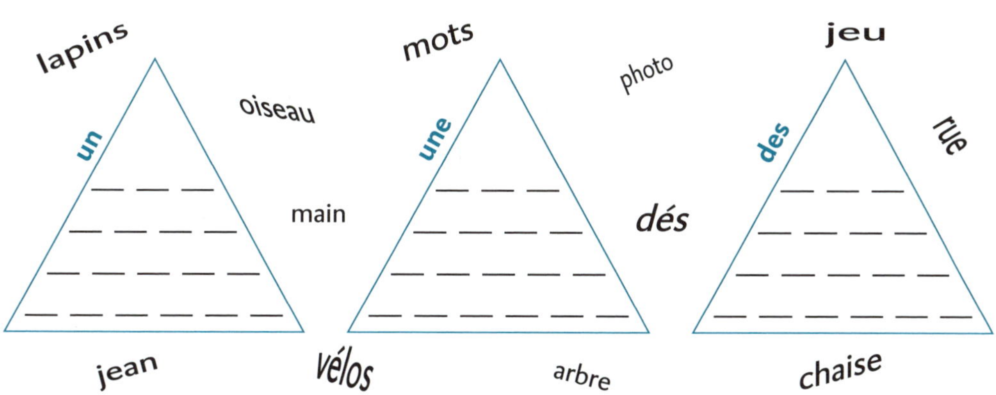

Aufgabe 6 Was siehst du einmal? Was mehrmals?

Dans la rue, il y a

1 *un café*	2
3	4
5	6
7	8
9	10
11	12

ufgabe 7 In Adriens Zimmer befinden sich viele Gegenstände. Welche sind es?

Dans la chambre d'Adrien il y a

1 un lit 2

3 des étagères 4

5 6

7 8

9 10

11 12

13 14

15 16

17 18

1.2 Der bestimmte Artikel

Wie lautet der bestimmte Artikel im Singular?
Im Singular heißen die Formen des bestimmten Artikels
- *le* (vor einem maskulinen Nomen),
- *la* (vor einem femininen Nomen).

	unbestimmt	**bestimmt**
Beispiele:	C'est un chien.	C'est le chien de David.
	C'est une cuisine.	C'est la cuisine de Mme Gayan.

Wann wird der Artikel mit Apostroph geschrieben?
Der bestimmte Artikel wird mit einem Apostroph geschrieben (**l'**), wenn
- er vor einem Nomen steht, das mit einem **Vokal** beginnt (*a, e, i, o* oder *u*),

	unbestimmt		**bestimmt**
Beispiele:	un oiseau	→	l'oiseau
	une aventure	→	l'aventure

- das nachfolgende Nomen mit einem **„stummen *h*"** beginnt.

	unbestimmt		**bestimmt**
Beispiele:	un homme	→	l'homme
	une histoire	→	l'histoire

Aufgabe 8 Das Genus vieler französischer Substantive kannst du anhand der Endung erkennen. Welches Genus haben die Substantive mit folgenden Endungen? Schreibe vor jedes französische Substantiv den bestimmten Artikel.

a) Substantive auf *-ment* sind ___maskulin___:
___l'___ appartement, ___le___ gouvernement, _____ moment, _____ vêtement

b) Substantive auf *-age* sind _______________:
_____ fromage, _____ message, _____ bricolage, _____ garage
(Ausnahmen : _____ image, _____ page, _____ plage)

c) Substantive auf *-té* sind _______________:
_____ activité, _____ égalité, _____ pauvreté

d) Substantive auf *-eau* sind _______________:
_____ gâteau, _____ cadeau, _____ tableau, _____ bureau
Ausnahme : _____ eau

e) Substantive auf *-tion* sind _______________:
_____ solution, _____ natation, _____ invitation, _____ population

fgabe 9 **Gemischte Aufgabe:** Ergänze den folgenden Text mit dem bestimmten oder dem unbestimmten Artikel im Singular.

a) Séverine arrive avec des copines et des copains dans __la__ cour de __l'__ immeuble où habitent Adrien et Caroline.

b) Antoine, ______ ami d'Adrien apporte ______ ballon, et Vincent, ______ copain d'Antoine, apporte ______ skate.

c) Caroline, ______ sœur d'Adrien, est aussi dans ______ cour.

d) Elle parle avec Nadine, ______ copine de Séverine.

e) Elle montre ______ photo de Régine.

f) Régine arrive avec ______ skate. C'est ______ skate de Vincent.

g) Elle demande : « Qu'est-ce qu'il y a sur ______ photo ? »

h) « Oh, rien *(nichts)* », dit Caroline et cache *(versteckt)* ______ photo.

le ballon

Wie lautet der bestimmte Artikel im Plural?

Der bestimmte Artikel im Plural heißt *les*.

	unbestimmt		**bestimmt**
Beispiele:	des livres *(Bücher)*	→	les livres *(die Bücher)*
	des maisons *(Häuser)*	→	les maisons *(die Häuser)*

fgabe 10 **Gemischte Aufgabe:** Ergänze auch hier den Text mit dem unbestimmten oder dem bestimmten Artikel. Dieses Mal kommen auch Artikel im Plural vor.

a) ______ amis sont encore dans ______ cour.

b) ______ filles regardent ______ images dans une BD. C'est ______ BD de Nadine.

c) ______ garçons jouent au foot avec ______ ballon d'Antoine. Ils jouent devant ______ épicerie de M. Jacquiers, ______ voisin de Caroline et Adrien.

d) Il a ______ stand avec ______ fruits et ______ légumes.

e) Devant ______ stand, ______ femmes regardent ______ légumes de M. Jacquiers.

f) Adrien tape dans ______ ballon.

g) ______ ballon rentre dans ______ stand avec ______ fruits.

h) ______ stand tombe et ______ fruits sont par terre !

i) ______ garçons quittent ______ cour très vite.

Aufgabe 11 **Gemischte Aufgabe:** Schreibe zunächst, was du auf dem Bild siehst. Verwende dabei die passende Form des unbestimmten Artikels.
Schreibe dann, wem der betreffende Gegenstand gehört. Hierfür brauchst du den bestimmten Artikel.

a)

C'est une voiture.

C'est la voiture de M. Gayan.

b)

c)

d)

e)

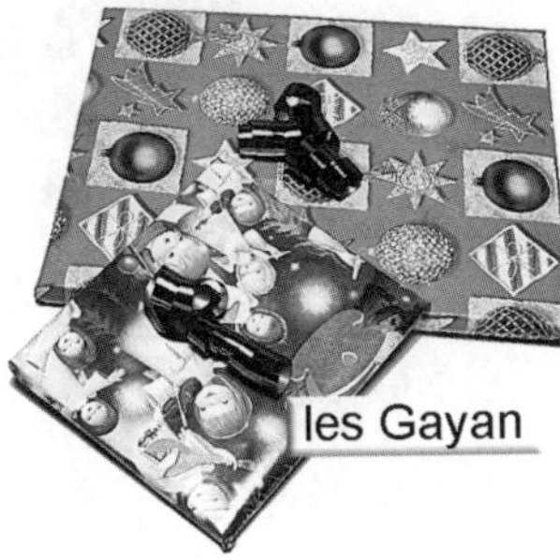

f)

g)

Was musst du bei den Verben *aimer, préférer* und *détester* beachten?
Nach den Verben ***aimer*** (‚lieben‘), ***préférer*** (‚lieber mögen‘, ‚bevozugen‘) und ***détester*** (‚verabscheuen‘, ‚hassen‘) steht im Französischen der **bestimmte Artikel**. Lass dich also nicht davon verwirren, dass im Deutschen kein Artikel steht.

Beispiele:	J'aime <u>les</u> fruits.	*Ich mag Obst.*
	Anne préfère <u>le</u> chocolat.	*Anne mag lieber Schokolade.*

Aufgabe 12 Caroline ist zu Besuch bei ihrer Freundin Nadine. Nadines Mutter möchte von Caroline wissen, was sie zum Abendessen mag.

a) « Caroline, tu aimes _la viande_ ? »

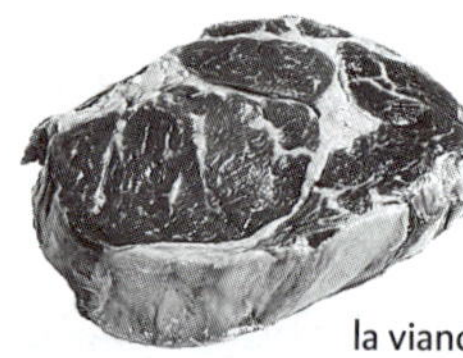

la viande

les spaghettis

« Non, je préfère ______________ . »

b) « Tu aimes ______________

______________ ? »

les spaghettis dans une sauce tomate

la sauce tomate

« Oui, j'aime ______________ . »

c) « Tu aimes ______________
avec les spaghettis ? »

la salade

« Non, je déteste ______________ . »

d) « Tu préfères _________________ ou _________________ ? »

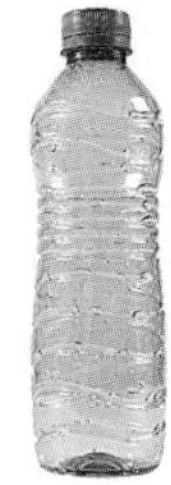

l'eau

le coca

« Je préfère _________________ , Madame. »

e) « Et comme dessert, tu aimes _________________ ? »

le chocolat

les fruits

« Non, je préfère _________________ . »

f) « D'accord, Caroline. Et après le repas ? On joue aux cartes ou on regarde la télé ? Tu préfères _________________ ou _____________ ? »

les cartes

la télé

« Je déteste _________________ . Je préfère _________________ . »

1.3 Die Präpositionen *à*, *de* + bestimmter Artikel

Was passiert, wenn *à* und ein bestimmter Artikel aufeinander treffen?

Treffen *à* und ein bestimmter Artikel aufeinander, verschmelzen sie zum Teil:

- Singular: *à* + *le* wird zu ***au***
  à + *la* bleibt ***à la***
  à + *l'* bleibt ***à l'***
- Plural: *à* + *les* wird zu ***aux***

Beispiele:

M. Gayan est au magasin.	*(… im Geschäft)*
Mme Gayan est à la maison.	*(… im Haus)*
Caroline est à l'école.	*(… in der Schule)*
Adrien téléphone aux grands-parents.	*(… mit den Großeltern)*

Aufgabe 13 Was kommt aus dem Trichter? Schreibe die richtigen Formen daneben.

a)

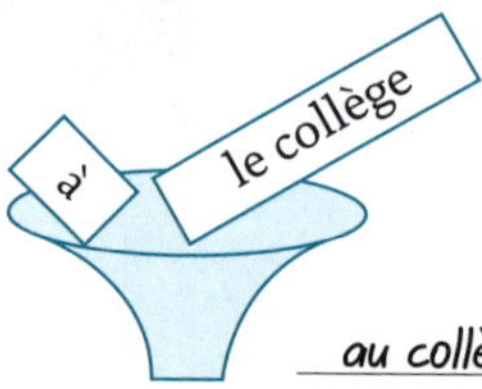

au collège

b)

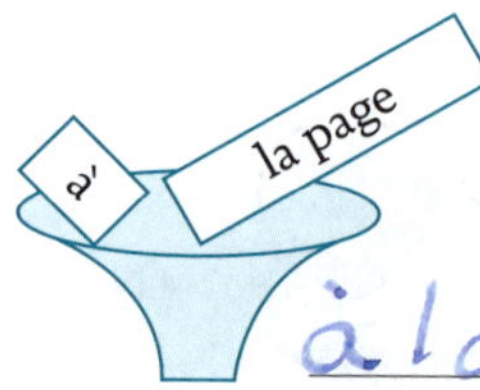

à la page

c)

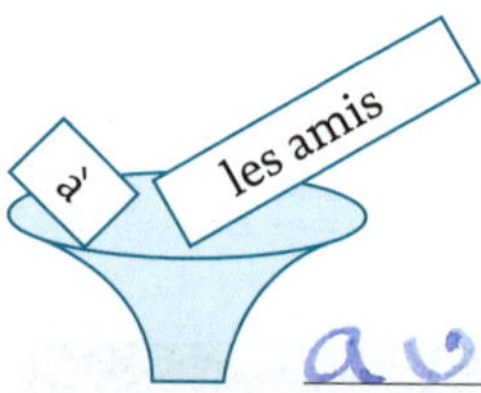

aux

d)

au tableau

e)

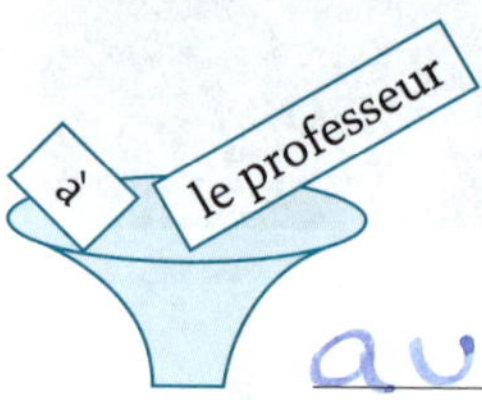

au

f)

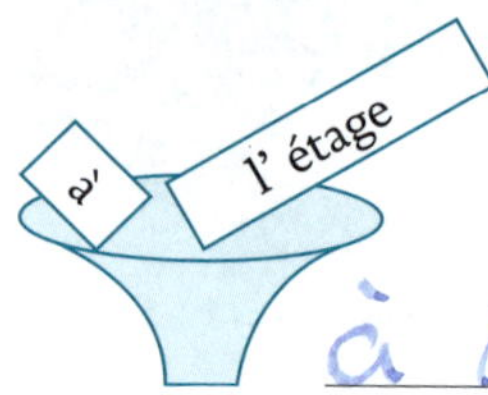

à l'

g)

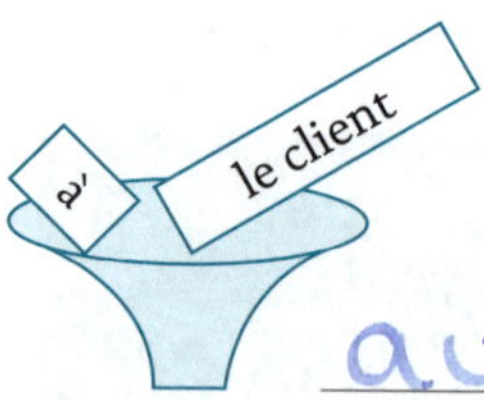

au

h)

aux

Was passiert, wenn *de* und ein bestimmter Artikel aufeinander treffen?
Wie die Präposition *à* verschmilzt auch die Präposition *de* mit manchen der nachfolgenden bestimmten Artikeln:

- Singular: *de* + *le* wird zu ***du***
  de + *la* bleibt ***de la***
  de + *l'* bleibt ***de l'***
- Plural: *de* + *les* wird zu ***des***

Beispiele:	Ce sont les légumes du jardin.	*(… vom Garten)*
	Voilà la terrasse de la maison.	*(… des Hauses)*
	C'est la fin de l'histoire.	*(…der Geschichte)*
	C'est la maison des voisins.	*(… der Nachbarn)*

Beachte: Du darfst die Verschmelzung von *de* + *les* zu *des* nicht mit dem unbestimmten Artikel im Plural verwechseln:

Beispiele:	C'est la chambre des enfants (= de + les)	*(… das Zimmer der Kinder)*
	A l'école, il y a des enfants (= unbestimmter Artikel)	*(… Kinder)*

gabe 14 Was kommt aus dem Trichter? Schreibe die richtigen Formen daneben.

a)
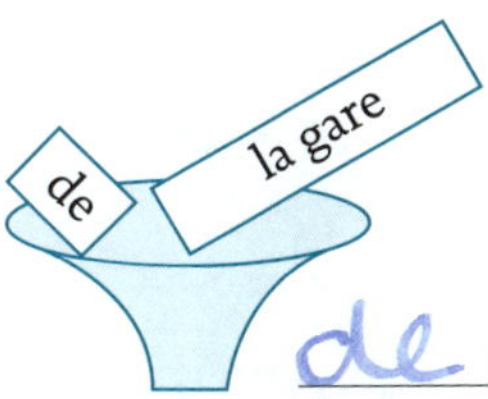

de la

b)
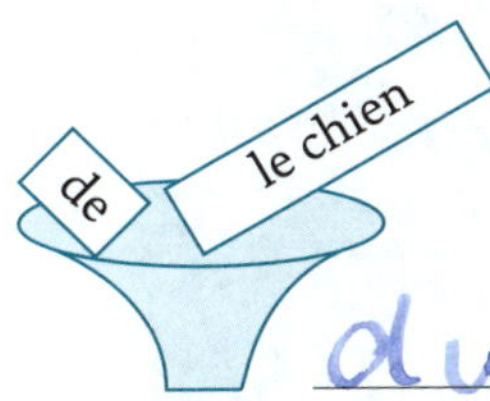

du

c)
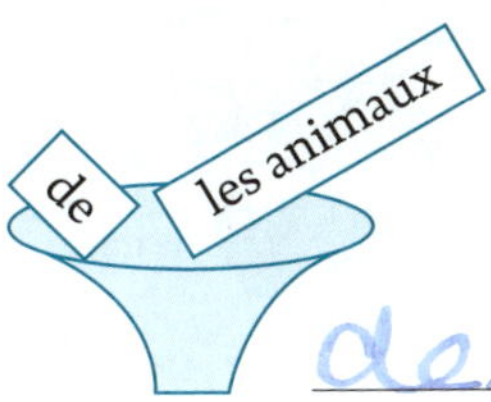

des

d)
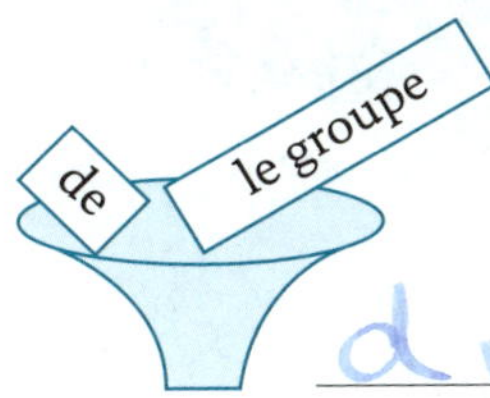

du

e)
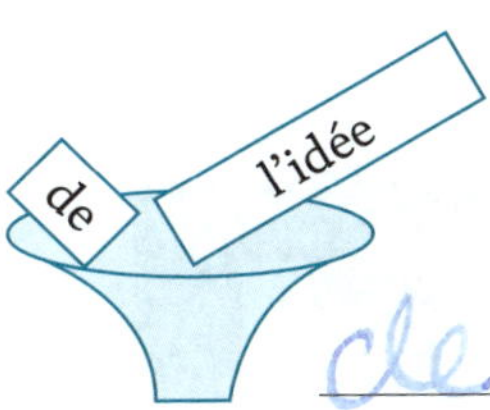

de l'

f)

des

Aufgabe 15 Fülle die Lücken mit *de, du, des, de la, d', de l'* aus.

a) Caroline fait un dessin __du__ chien __d'__ Isabelle.

b) M. Gayan regarde __des__ photos __du__ Hôtel du Lac.

c) Les filles font __du__ roller dans la cour __du__ collège.

d) Adrien et Caroline parlent ________ cadeaux ________ grand-mère.

e) Mme Gayan rentre avec __des__ légumes et __des__ fruits __du__ marché.

f) Adrien fait __de la__ musique rock dans la chambre __d'__ Caroline.

Aufgabe 16* **Gemischte Aufgabe:** Bei den folgenden Fragen und Antworten fehlen die Objekte und ihre Präpositionen. Ergänze diese.

a) M. Gayan achète __de la confiture__ ?

la confiture

Non, il achète ________________________ .

le miel

b) Adrien va ________________________ ?

la pharmacie

Non, il va ________________________ .

l'hôpital

c) Adrien joue ______________________________?

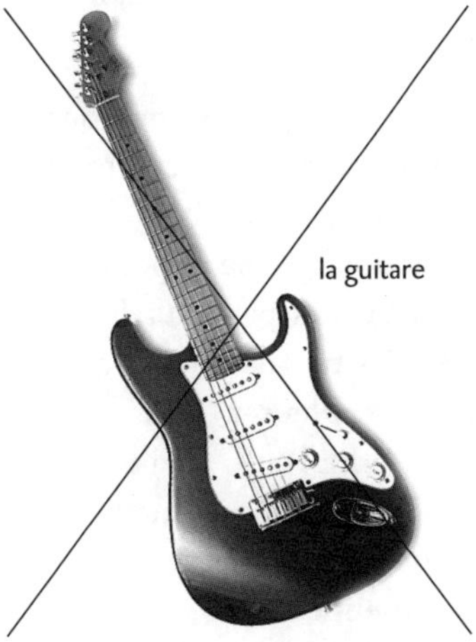

Non, il joue ______________________________.

d) Caroline fait une photo ______________________________?

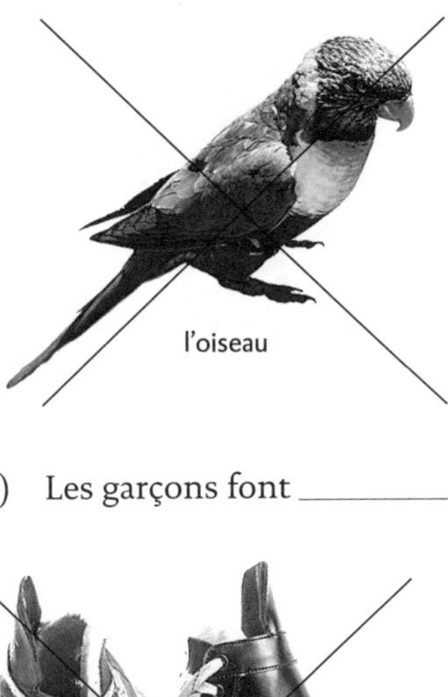

Non, elle fait une photo ____________________.

e) Les garçons font ______________________________?

Non, ils jouent ______________________________.

Aufgabe 17* **Gemischte Aufgabe:** Lese den folgenden Text durch. Sind die unten stehenden Aussagen richtig *(juste)* oder falsch *(faux)*? Wenn sie falsch sind, korrigiere sie.

Il est midi. Adrien rentre de l'école. Sa mère ouvre la porte et lui demande : « Pourquoi est-ce que tu es déjà à la maison ? » Adrien ne veut pas répondre. Il va dans la cuisine et prend une bouteille de coca. « Adrien, je voudrais avoir une réponse. » Adrien va dans sa chambre. « Adrien, donne une réponse. » Silence. « D'accord, je vais donc appeler le médecin. Si tu n'es pas malade, tu dois aller à l'école cet après-midi. » Pas de réponse. « Mais tu sais que tu dois rester au lit toute la journée. » Adrien commence à pleurer. « Maman, aujourd'hui, mon équipe de foot préférée a un match important. Et j'ai des tickets. » « Bon, si tu ne me dis pas pourquoi tu es rentré à la maison, tu ne peux pas aller voir le match. » « Maman, je ne suis pas malade. Mais je ne veux plus aller à l'école. Pendant la récré, Michel a demandé à Jacqueline si elle veut aller au cinéma avec lui. Et elle a dit « oui ». Je déteste tous les deux. Je ne veux plus rencontrer Jacqueline et Michel à l'école. Mais j'aimerais voir le match … »

	juste	faux
a) Adrien rentre de l'école à 13 heures. *Adrien rentre de l'école à midi.*	☐	☒
b) La mère pose des questions à Adrien. ____________________	☐	☐
c) Adrien ne répond pas aux questions de ses parents. ____________________	☐	☐
d) Adrien boit de l'eau minérale. ____________________	☐	☐
e) Sa mère veut parler au professeur. ____________________	☐	☐
f) Adrien veut aller à la piscine. ____________________	☐	☐
g) Adrien n'a pas envie d'aller à l'école. ____________________	☐	☐
h) Jacquelin va au théâtre avec Michel. ____________________	☐	☐
i) Le lendemain, Adrien veut parler à Jacqueline. ____________________	☐	☐

1.4 Mengenangaben

Wie kann ich Mengen angeben?
Wenn du z. B. beim Einkaufen sagen willst, wie viel Brot, Milch usw. du haben möchtest, musst du eine **Mengenangabe** verwenden. Du kannst diese Angabe folgendermaßen machen:

- **genau**, mit **einem Nomen**,

Beispiele:	une boîte – *eine Dose*		un paquet – *ein Paket*	
	une bouteille – *eine Flasche*		un sac – *eine Tasche/ein Sack*	
	un carton – *eine Schachtel*		un verre – *ein Glas*	
	un kilo – *ein Kilo*		une heure – *eine Stunde*	

- **ungefähr**, mit **einem Adverb**.

Beispiele:	assez	– *genug*
	beaucoup	– *viel*
	peu	– *wenig*
	trop	– *zuviel, e*
	combien	– *wie viel, e*

Wenn du eine der obengenannten Mengenangaben verwendest, musst du im Französischen ein ***de*** hinzufügen: **Mengenangabe + *de* (*d'*) + Nomen**.

	Mengenangabe	*de* (*d'*)	*Nomen*	
Beispiele:	un kilo	de	pommes	*ein Kilo Äpfel*
	une bouteille	d'	eau	*eine Flasche Wasser*
	beaucoup	de	voitures	*viele Autos*
	combien	d'	enfants ?	*wie viele Kinder?*

gabe 18* Adrien geht mit seinem Austauschschüler Alexander einkaufen. Ergänze den Dialog mit einer Mengenangabe mit *de* und dem dargestellten Artikel.

ADRIEN : « Viens vite Alexander, on n'a pas beaucoup ______ temps. »

ALEXANDER : « Combien ______ heures est-ce qu'on va faire les courses ? »

ADRIEN : « Je ne sais pas. Attends, je regarde sur la liste.

Chez l'épicier on va acheter

un paquet de spaghettis, ____________

____

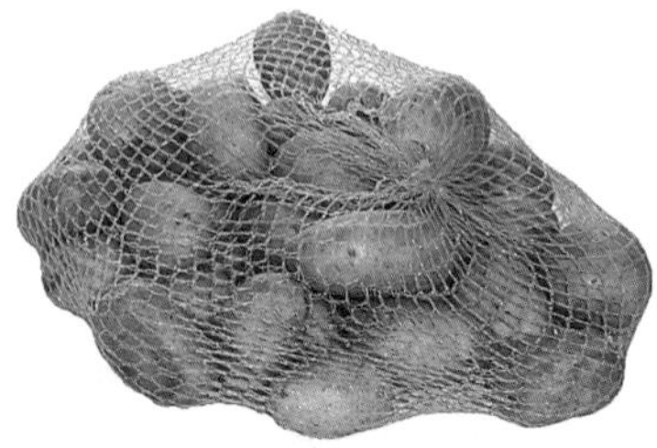

ALEXANDER : « C'est tout ? »

ADRIEN : « Non, après on va chez le marchand de fruits. »

ALEXANDER : « Tu achètes beaucoup ______ fruits ? »

ADRIEN : « Non, seulement

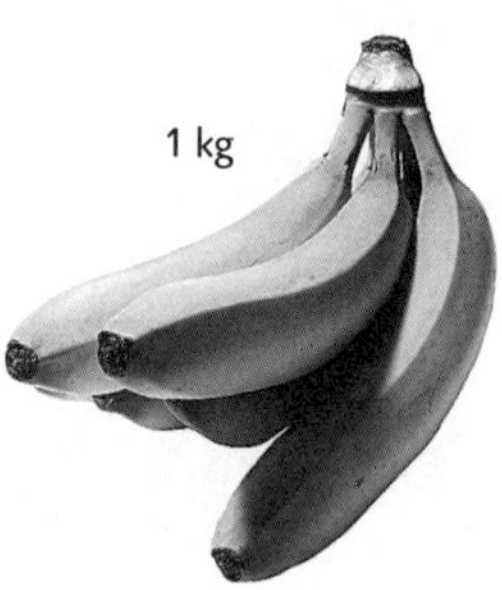

Wie wird ein Nomen an eine Verneinung angeschlossen?
Auch die Verneinung *ne … pas* gilt als Mengenangabe. Sie ist sozusagen „die Menge Null" oder „die leere Menge" wie die Mathematiker sagen. Als Regel kannst du dir also merken: ***ne … pas* + *de* + Nomen.**

Beispiel: Je n'ai pas d'argent. *Ich habe kein Geld.*

Beachte:

- Wenn im verneinten Satz das Verb eine **Form von *être*** ist, steht **derselbe Artikel wie im bejahten Satz**.

  Beispiele: Ce n'est pas un chien. *Das ist kein Hund.*
  Nous ne sommes pas des voleurs. *Wir sind keine Diebe.*

- Aber **nach verneintem *aimer, préférer* und *détester*** steht immer **der bestimmte Artikel**.

  Beipiel: Beaucoup d'élèves n'aiment pas l'école.

gabe 19 Auf dem Heimweg vom Einkaufen unterhalten sich Adrien und Alexander. Beantworte die folgenden Fragen jeweils in der verneinten Form.

a) ADRIEN : Est-ce que tu as un chien ?
ALEXANDER : Non, *je n'ai pas de chien* .

b) ADRIEN : Tu n'aimes pas les chiens ?
ALEXANDER : Non, ______ .

c) ADRIEN : Est-ce que tu aimes la musique pop ?
ALEXANDER : Non, je préfère ______ musique classique.

d) ADRIEN : Est-ce que tu joues un instrument ?
ALEXANDER : Non, ______ .

e) ADRIEN : Tu connais des chanteurs français ?
ALEXANDER : Non, ______ ,
je préfère ______ chanteurs américains.

f) ADRIEN : Tu es un bon élève ?
ALEXANDER : Non, ______ .

g) ADRIEN : A l'école, tu aimes le sport ?
ALEXANDER : Non, je préfère ______ maths.

h) ADRIEN : Tu as des amis ?
ALEXANDER : Non, ______ .
ADRIEN : Ça ne m'étonne pas. *(Das wundert mich nicht.)*

Aufgabe 20 **Gemischte Aufgabe:** Im Folgenden spricht Adrien über seinen Stundenplan. Ergänze den Text mit *de* oder Artikel.

« Nous avons trois heures _____ allemand, quatre heures _____ français et quatre heures _____ maths, mais on a seulement une heure _____ musique et deux heures _____ sport. C'est bête. Je pense aussi qu'on n'a pas assez _____ musique et trop _____ maths. Je n'aime pas _____ maths. Je préfère _____ musique et _____ sport. »

HEURES	LUNDI	MARDI	MERCREDI	JEUDI	VENDREDI
08h00 - 08h55		Education Physique & Sport	Science Vie & Terre	Arts plastiques	Mathématiques
09h00 - 09h55	Allemand	Education Physique & Sport	Français	Histoire & Géographie	Technologie
10h10 - 11h05	Mathématiques	Technologie	Français	Mathématiques	Histoire & Géographie
11h10 - 12h05	Français	Atelier		Français	
13h45 - 14h40	Histoire & Géographie	Allemand		Technologie	Allemand
14h40 - 15h35	Education musicale	Mathématiques		Education Physique & Sport	Science Vie & Terre
15h45 - 16h40	Science Vie & Terre			Education Physique & Sport	

Aufgabe 21* **Gemischte Aufgabe:** Wie sieht dein Stundenplan aus?
Schreibe wie Adrien, wie viele Stunden du in den Fächern hast, die du auf Französisch sagen kannst. Sage auch, welche Fächer du magst, nicht magst und bevorzugst.

« J'ai

be 22* **Gemischte Aufgabe:** Setze *de*, *de* + Artikel oder den bestimmten Artikel ein.

Adrien est chez sa grand-mère.

GRAND-MÈRE : Adrien, tu veux _____ bonbons ?

ADRIEN : Non, merci, je n'aime pas _____ bonbons.

GRAND-MÈRE : Tu préfères _____ chocolat ? J'ai beaucoup _____ chocolat.

ADRIEN : Merci, mais maintenant je ne veux pas _____ chocolat.

GRAND-MÈRE : Et _____ fruits ? J'ai assez _____ fruits.

ADRIEN : Oui, je sais. Mais, pour le moment, je ne veux pas _____ fruits.

GRAND-MÈRE : Mais Adrien, qu'est-ce que tu as ? Tu es malade ? Je sais que tu aimes _____ fruits.

ADRIEN : Oui. Mais écoute, grand-mère. Après le sport, je ne veux pas manger. Tu n'as pas une bouteille _____ eau ?

be 23* **Gemischte Aufgabe:** Erzähle auf Französisch, was du magst oder nicht magst. Beziehe dich auf die genannten Bereiche.

Essen – aliments

Tiere – animaux

Sportarten – sports

Farben – couleurs

2 Das Adjektiv

Das Adjektiv wird auch als Eigenschaftswort/Wiewort (Frage: Wie ist etwas?) bezeichnet, weil es die Eigenschaft einer Person, eines Gegenstandes oder einer Situation angibt.

Beispiele:	**Person**	un garçon sportif	*ein sportlicher Junge*
	Gegenstand	une bouteille vide	*eine leere Flasche*
	Situation	un temps fou	*eine verrückte Zeit*

2.1 Die Stellung des Adjektivs

Wo steht das Adjektiv?

- An den obigen Beispielen kannst du sehen, dass im Französischen die meisten Adjektive **nach dem Nomen** stehen.
- Es gibt aber auch einige Adjektive, die **vor dem Nomen** stehen:

Beispiele:	bon	un bon livre	*ein gutes Buch*
	mauvais	un mauvais élève	*ein schlechter Schüler*
	grand	un grand chien	*ein großer Hund*
	petit	un petit enfant	*ein kleines Kind*
	autre	un autre cadeau	*ein anderes Geschenk*
	joli	un joli dessin	*eine hübsche Zeichnung*

Aufgabe 24 Entscheide, welches Adjektiv vor und welches nach dem Nomen steht.

a) C'est un livre intéressant.
(intéressant)

b) C'est un ______________________.
(grand)

c) Adrien fait un ______________________________.
(joli)

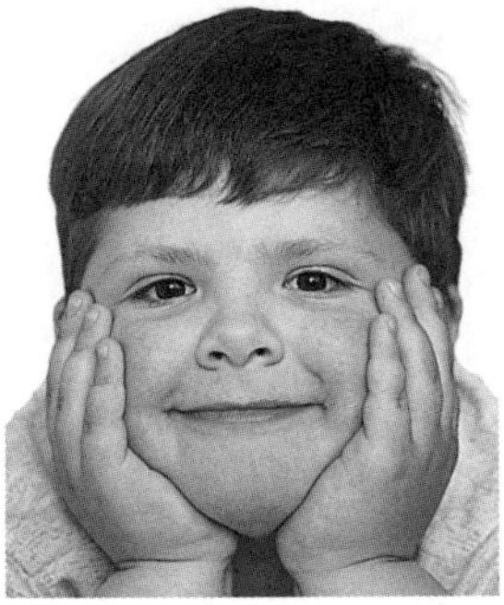

d) Antoine n'est pas un ________________________.
(sportif)

e) Régine a un ________________________________.
(petit)

f) C'est un __________________________________.
(noir)

g) Caroline veut un ____________________________.
(autre)

Wo stehen die beiden Adjektive *nouveau* und *cher*?
Die beiden Adjektive *nouveau* und *cher* stehen je nach Bedeutung entweder **vor** oder **nach dem Nomen.**

	vor dem Nomen		nach dem Nomen
•	*neu, andere, es, er*	← **nouveau** →	*neu, fabrikneu, bisher unbekannt*
•	*lieb*	← **cher** →	*teuer*

Beispiele:

un nouveau client *ein neuer Kunde* *(er ist zum ersten Mal da)*	un ballon nouveau *ein neuer Ball* *(er wurde neu gekauft)*
mon cher Philippe *mein lieber Philippe*	un pantalon cher *eine teure Hose*

Aufgabe 25 Wo muss *nouveau/cher* in den folgenden Sätzen stehen? Vor oder hinter dem Nomen?

nouveau

a) Stéphane trouve un _nouveau_ copain ______.

b) Adrien ne veut pas porter le jean de Caroline. Il veut un ______ jean ______.

c) Je ne joue pas avec ce vieux ballon. Je veux un ______ ballon ______.

d) « Je ne connais pas cette voiture de Renault. »
« Bien sûr. C'est un ______ modèle ______.

e) Caroline a un ______ professeur ______ de français.

cher

a) « Je te présente mon ______ ami ______ Lucien. »

b) M. Paietout va dans un ______ restaurant ______.

c) « 80 € pour un pantalon ? C'est un ______ pantalon ______. »

d) Caroline écrit à Adrien : « Mon ______ frère ______. »

e) Le TGV est un ______ train ______ mais rapide.

fgabe 26 **Gemischte Aufgabe:** Entscheide, welche der folgenden Adjektive vor und welche nach dem Nomen stehen.

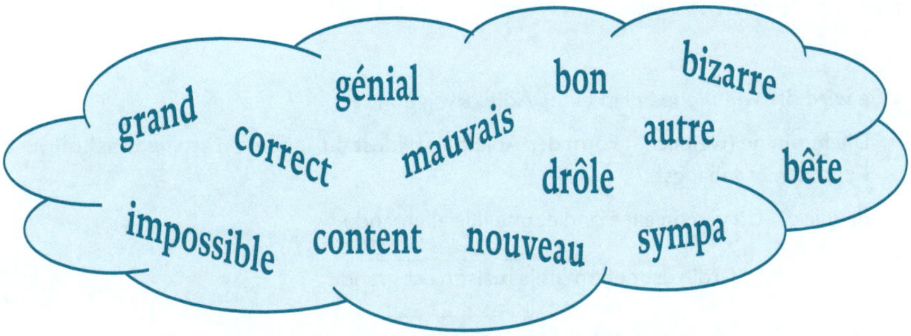

… vor dem Nomen		… nach dem Nomen
a) un ______	professeur	content
b) un ______		______
c) un ______		______
d) un ______		______
e) un ______		______
f) un ______		______
g) un ______		______
h) un ______		______
i) un ______		______
j) un ______		______
k) un ______		______
l) un ______		______
m) un ______		______

2.2 Die Angleichung des Adjektivs

Neben der Stellung des Adjektivs musst du noch auf einen weiteren Punkt achten. Das Adjektiv verändert sich nämlich, wenn es sich auf ein **weibliches Nomen** oder auf **mehrere Nomen** bezieht.

Wie wird die weibliche Form eines Adjektivs gebildet?

- Die feminine (weibliche) Form des Adjektivs bildest du, indem du **an die maskuline Form** ein ***-e*** anhängst.

  Beispiele: Un garçon allemand et une fille allemande

  Le jardin est petit mais la maison est grande

- Ein **Adjektiv**, das schon **auf *-e*** endet, bekommt kein weiteres *-e* angehängt. Es bleibt also **unverändert**.

  Beispiel: Un garçon drôle et une fille drôle.

  Du kennst schon einige Adjektive, die bereits in der männlichen Form ein *-e* haben und deshalb unverändert bleiben.

  Beispiele: autre, bête, bizarre, difficile, drôle, fantastique, impossible, juste, malade, pauvre, rapide, sale, sympathique, vide

Aufgabe 27 Setze die Adjetive in Klammern in die richtige Form.

a) « Elle », c'est une revue ________________ ? (allemand)
Non, ________________ . (français)

b) Séverine habite dans une ________________ maison ? (grand)
Non, ________________ . (petit)

c) Adrien apprend une leçon ________________ ? (facile)
Non, ________________ . (difficile)

d) Stéphane achète une chemise ________________ ? (vert)
Non, ________________ . (bleu)

e) Caroline est une élève ________________ ? (bête)
Non, ________________ . (intelligent)

f) Passer les vacances sur une île est une idée ________________ ? (bizarre)
Non, ________________ . (fantastique)

Welche Sonderformen musst du beachten?
Bei manchen Adjektive weicht die weibliche Form etwas stärker von der männlichen ab. Diese Formen musst du dir extra merken:

	männlich	weiblich	männlich	weiblich
Beispiele:	blanc	blanche	européen	européenne
	bon	bonne	faux	fausse
	breton	bretonne	fou	folle
	cher	chère	long	longue
	dangereux	dangereuse	nouveau	nouvelle

gabe 28 Ergänze die folgenden Sätze mit den weiblichen Formen der Adjektive.

a) New York n'est pas une ville européenne, mais américaine.
(européen/américain)

b) Ce n'est pas la ______ réponse. Cette réponse est ______.
(bon/faux)

c) « Mme Girard, notre ______ prof est ______. »
(nouveau/fou)

d) « Ta jupe ______ est trop ______. »
(blanc/long)

e) Cette voiture n'est pas ______ et en plus, elle est trop ______.
(bon/cher)

abe 29* **Gemischte Aufgabe:** Hier ist eine Beschreibung von Caroline. Ergänze den Text mit den angegebenen Adjektiven. Achte auf die Angleichung und auf die Stellung.

a) Caroline est une ______ fille française.	français
b) Elle habite dans un ______ immeuble ______	grand
dans un ______ quartier ______ à	nouveau, cher
Montmorency.	
c) Avec ses 160 cm, elle n'est pas très ______, mais	grand
elle est une ______ fille ______.	joli, sportif
Surtout en gymnastique elle est ______.	génial
d) A l'école elle est une ______ élève ______,	bon

parce qu'elle est très ______________ .	intelligent
En maths, par exemple, elle est très ______________ . Elle	rapide
est toujours la ______________ . Elle trouve toujours la	premier
______________ solution ______________ .	correct
e) Ses amies disent qu'elle est ______________ , mais aussi	drôle
un peu ______________ parce qu'elle peut être très	bizarre
______________ aussi.	difficile
« Un jour elle est très ______________ et le lendemain	amusant
elle peut être ______________ , » dit sa copine Eloïse.	impossible
f) Son frère Adrien dit : « C'est une ______________ fille	fou
______________ . Pour moi, elle est trop ______________	compliqué
parce qu'elle n'est jamais ______________ … »	content

Aufgabe 30* Übersetze diese Beschreibung ins Deutsche.

____

____

____

____

____

____

____

____

____

____

____

____

Aufgabe 31* Beschreibe nun deine Mutter. Verwende alle Adjektive, die auf sie zutreffen. Wie ist sie? Was trägt sie für Kleider?

Wie wird das Adjektiv im Plural gebildet?

- Im Plural wird an das Adjektiv ein **-s** angehängt.

  Beispiele: C'est un film intéressant.
  Ce sont des films intéressants.

  C'est une jolie histoire.
  Ce sont des jolies histoires.

  Bezieht sich ein Adjektiv auf **mehrere männliche und weibliche Nomen**, steht das Adjektiv im **Maskulin Plural**.

  Beispiel: Sophie et David sont très différents.

fgabe 32 Beschreibe mithilfe des angegebenen Adjektivs die dargestellten Gegenstände oder Personen. Achte auch auf die Stellung des Adjektivs.

a) *(groß)* des grands arbres ____________

b) *(teuer)* ____________

c) *(hübsch)* ____________

d) *(schnell)* ______________________________

e) *(klein)* ______________________________

f) *(gut)* ______________________________

g) *(neu)* ______________________________

- Endet ein **Adjektiv im Singular** bereits **auf *-s* oder *-x***, bleibt es **im Plural unverändert**, man hängt also kein weiteres Plural-s mehr an.

	Singular	Plural
Beispiele:	un livre anglais	des livres anglais
aber:	une fille anglaise	des filles anglaises
	un résultat faux	des résultats faux
aber:	une règle fausse	des règles fausses

- Die **folgenden Adjektive** bleiben immer **unverändert**: *super, extra, pop, orange.*

	Singular	Plural
Beispiel:	un CD super	des CD super

Ausnahme: Das Adjektiv *sympa* bleibt zwar im Singular unverändert, erhält aber im Plural ein *-s.*

	Singular	Plural
Beispiel:	un garçon sympa	des garçons sympas
	une fille sympa	des filles sympas

fgabe 33 Übersetze im folgenden Dialog (zwischen Adrien und seinem Austauschschüler Alexander) die in Klammern angegebenen Adjektive und ergänze den Text. Bringe die Adjektive in die richtige Form.

ALEXANDER : « Est-ce qu'il y a des filles ___sympas___ *(sympathisch)* dans ta classe ? »

ADRIEN : « Ah oui, il y a des filles ________ *(super)*. Moi, par exemple, j'aime bien Christine, elle est ________ *(stark, super)*. Et toi, comment est-ce que tu trouves les filles ________ *(französisch)* ? »

ALEXANDER : « Oh, comme les garçons ________ *(französisch)* : ________ *(sympathisch)* et ________ *(nett)*. Christine va avec nous faire de l'escalade demain ? »

ADRIEN : « Non, les rochers là-bas sont trop ________ *(gefährlich)* pour une fille. »

ALEXANDER : « C'est ________ *(falsch)*. Je connais des filles très ________ *(sportlich)*. »

Aufgabe 34 Welche Adjektive gehören zu welchem Land? Trage die folgenden Adjektive hinter der richtigen Ziffer ein.

norvégien, ne – portugais, e – hongrois, e – danois, e – français, e – roumain, – turc, turque – irlandais, e – luxembourgeois, e – polonais, e – tchèque – anglais, e – suisse – bulgare – russe – grec, grecque – suédois, e – espagnol, e – autrichien, ne – allemand, e – belge – finlandais, e – néerlandais, e – italien, ne

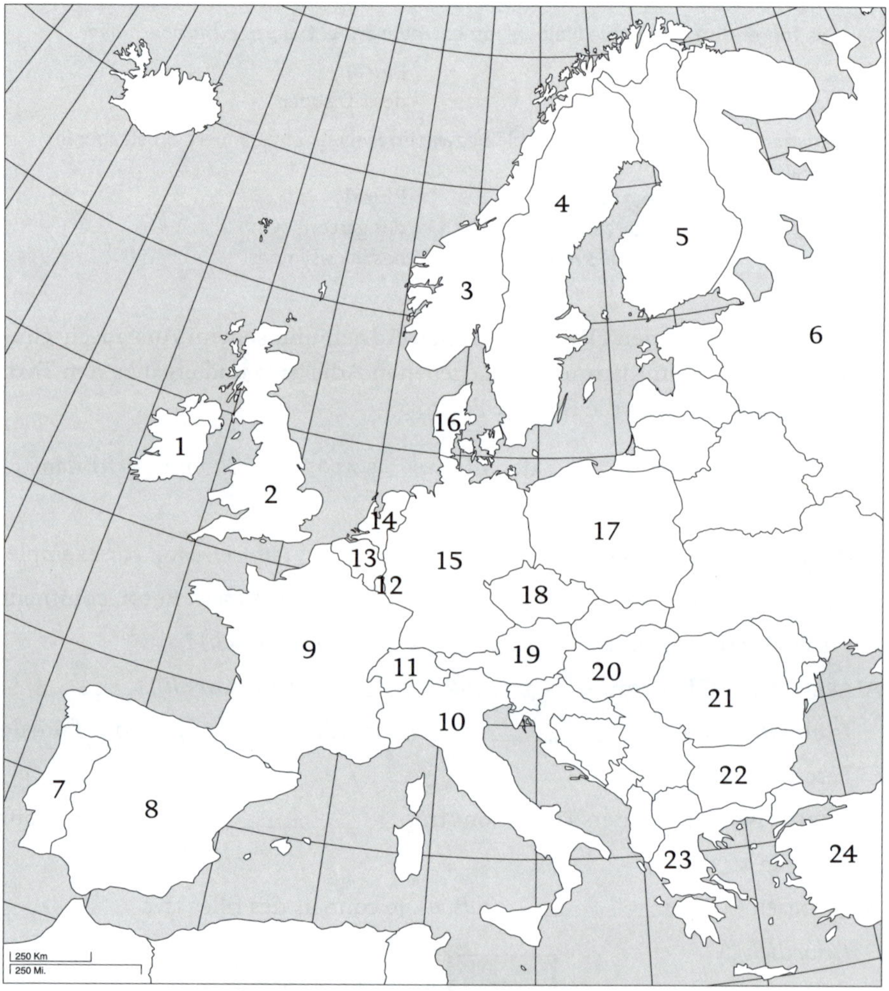

1 ______________________ 2 ______________________

3 ______________________ 4 ______________________

5	______	6	______
7	______	8	______
9	______	10	______
11	______	12	______
13	______	14	______
15	______	16	______
17	______	18	______
19	______	20	______
21	______	22	______
23	______	24	______

fgabe 35 **Gemischte Aufgabe:** Setze die angegebenen Adjektive an die richtige Stelle und passe sie dem jeweiligen Nomen an.

a)	heureux	un	______	garçon	heureux
		des	______	filles	heureuses
b)	joli	une	______	fleur	______
		des	______	arbres	______
c)	faux	un	______	bijou	______
		des	______	informations	______
d)	super	une	______	sœur	______
		des	______	parents	______
e)	bon	un	______	ami	______
		des	______	copines	______
f)	long	une	______	rue	______
		des	______	chemins	______
g)	petit	une	______	histoire	______
		des	______	secrets	______
h)	blanc	un	______	papier	______
		des	______	chemises	______

Aufgabe 36* **Gemischte Aufgabe:** Schreibe einen Brief an deine/n französische/n Austauschschüler/in. Die folgenden Stichworte werden dir dabei helfen, einen solchen Brief zu verfassen.

Erfinde einen Namen für die Anrede.

____

Du bedankst dich sehr für den netten Brief und die hübschen Fotos.

____

____

Sage, dass eure Familie nicht groß ist. Du hast nur einen kleinen Bruder. Er macht oft verrückte Dummheiten.

____

____

Sage, dass du in einer kleinen Stadt wohnst. Für dich ist das nicht so interessant, aber deine Eltern bevorzugen das ruhige Leben auf dem Land. Das Leben in einer großen Stadt ist zu gefährlich.

____

____

____

____

Erzähle nun von deiner Schule: sie ist neu und groß, und sie hat eine Kantine, wo man mittags ein warmes Essen haben kann. Du isst gerne mit dienen Freunden/Freundinnen, weil immer eine gute Stimmung herrscht.

____

____

____

Es ist dein erstes Lernjahr in Französisch. Eine neue Sprache zu lernen ist nicht leicht. Du findest die Grammatik ein bisschen kompliziert, aber es ist eine hübsche Sprache.

____

____

____

Du verabschiedest dich und bittest sie/ihn schnell zu schreiben.

____

3 Die Possessivbegleiter

Possessivbegleiter sind Wörter, die angeben, wem etwas gehört oder zu wem jemand gehört.

Wie lauten die Possessivbegleiter, die sich auf Personen im Singular beziehen?

- 1. Person Singular (Ich bin der Besitzer.) – **mon, ma, mes**
  Beispiele: mon ballon — *mein Ball*
  ma voisine — *meine Nachbarin*
  mes vêtements — *meine Kleider*
- 2. Person Singular (Du bist der Besitzer.) – **ton, ta, tes**
  Beispiele: ton cousin — *dein Cousin*
  ta maison — *dein Haus*
  tes amis — *deine Freunde*
- 3. Person Singular (Er oder sie ist der Besitzer.) – **son, sa, ses**
  Beispiele: son enfant — *sein/ihr Kind*
  sa famille — *seine/ihre Familie*
  ses dessins — *seine/ihre Zeichnungen*

Welche Regeln musst du beachten?

- Die Form des Possessivbegleiters richtet sich immer nach dem **Geschlecht des folgenden Nomens**.
  Diese Regel musst du im Französischen strikt einhalten, auch in der 3. Person Singular. Im Deutschen richtet sich hier nämlich die Form des Possessivbegleiters nach dem Geschlecht des Besitzers.
  Beispiele: sa classe = *seine Klasse* (der „Besitzer" ist männlich)
  sa classe = *ihre Klasse* (der „Besitzer" ist weiblich)
- Vor einem **weiblichen Nomen im Singular**, das mit einem **Vokal** oder einem **stummen *h*** beginnt, wird *ma* zu ***mon***, *ta* zu **ton**, *sa* zu ***son***.
  Beispiele: mon histoire / son école

fgabe 37 Füge die passenden Possessivbegleiter ein.

mon, ma, mes	ton, ta, tes	son, sa, ses
___________ oncle	___________ chien	___________ cahier
___________ tante	___________ oiseaux	___________ stylos
___________ grand-mère	___________ hamster	___________ chaise
___________ cousines	___________ chat	___________ livres

Aufgabe 38 Setze die passenden Possessivbegleiter in die folgenden Texte ein.

a) **Avant le départ**

Monsieur Aubray prépare ______ excursion à Versailles. ______ femme l'aide parce qu'il ne trouve jamais ______ affaires.

– « Chérie, je ne trouve pas ______ lunettes. »

– « ______ lunettes ? Je ne sais pas où elles sont. Peut-être dans ______ bureau. »

– « Non, non. Dans ______ bureau, il y a tout, mais pas ______ lunettes. »

Madame Aubray regarde encore une fois dans le bureau de M. Aubray.

– « Ah, les voilà, à côté de ______ ordinateur. »

– « Merci, chérie. »

b) **A la gare**

Le petit Martin cherche ______ maman. Il a peur et pleure. Une vieille dame le voit et demande :

– « Mais qu'est-ce que tu as, ______ petit ? »

– « Je ne trouve plus ______ maman. »

– « ______ maman ? Ne pleure pas. On va la chercher ensemble. Qu'est-ce qu'elle porte comme vêtements ? »

– « Elle porte ______ jean noir et ______ veste bleue. »

– « Ah, je la vois. Elle achète les billets. »

Aufgabe 39 Hast du den Inhalt der beiden Texte der Aufgabe 38 verstanden? Kreuze an, ob die folgenden Aussagen richtig *(juste)* oder falsch *(faux)* sind.

		juste	faux
a)	M. Aubray habite à Versailles.	☐	☒
b)	Il cherche ses lunettes.	☐	☐
c)	M. Aubray a un ordinateur.	☐	☐
d)	Martin cherche sa maman.	☐	☐
e)	Martin parle à une jeune femme.	☐	☐
f)	La mère porte des pantalons.	☐	☐
g)	La dame ne trouve pas la mère.	☐	☐

Wie lauten die Possessivbegleiter, die sich auf Nomen im Plural beziehen?
Im Plural (mehrere Besitzer) sehen die Possessivpronomen so aus:

- 1. Person Plural (Wir sind die Besitzer) – **notre/nos**
  Beispiele: notre chambre — *unser Schlafzimmer*
  nos lits — *unsere Betten*
- 2. Person Plural (Ihr seid die Besitzer) – **votre/vos**
  Beispiele: votre professeur — *euer Lehrer*
  vos parents — *eure Eltern*
- 3. Person Plural (Sie sind die Besitzer) – **leur/leurs**
  Beispiele: leur repas — *ihr Essen*
  leurs problèmes — *ihre Probleme*

fgabe 40 Füge zu den folgenden Substantiven Possessivbegleiter in der 1. Person Plural (vier Augen), 2. Person Plural (fünf Augen) oder 3. Person Plural (sechs Augen) hinzu.

__________ argent __________ billets
__________ pièce __________ porte-monnaie

__________ chien __________ souris
__________ chats __________ perruche

__________ cahiers __________ stylo
__________ règles __________ gomme

Welche Possessivbegleiter musst du bei der höflichen Anrede verwenden?
Für die höfliche Anrede wird wie im Deutschen die **2. Person Plural** verwendet.

Beispiele: Voilà votre cadeau, Madame. — *Hier ist Ihr Geschenk, Madame.*
Ce sont vos enfants, Monsieur? — *Sind das Ihre Kinder, Monsieur?*

Du kannst also nur aus dem Zusammenhang ersehen, ob *votre* mit ‚euer' oder ‚Ihr' (bzw. *vos* mit ‚eure' oder ‚Ihre') übersetzt werden muss.

Aufgabe 41 Wenn du im Internet etwas bestellst, musst du häufig folgendes Formular ausfüllen. Setze die passenden Possessivpronomen (Höflichkeitsform) ein und fülle das Formular aus.

Formulaire

votre	nom:		
______	prénom:		
______	date de naissance:	jour	[--------------]
		mois	[--------------]
		année	[--------------]
______	adresse postale:		
______	adresse email:		
______	numéro de téléphone:		

Aufgabe 42 **Gemischte Aufgabe:** Setze die passenden Pluralformen der Possessivbegleiter ein.

Dans la salle de classe

M. AUBRAY (le professeur) : Bonjour la classe. D'abord nous allons corriger ______ devoirs. Sortez *(herausnehmen)* ______ cahiers, s'il vous plaît.

LES ÉLÈVES : ______ cahiers sont déjà ouverts.

M. AUBRAY : Oh, alors Adrien, lisez ______ texte.

LES ÉLÈVES : Adrien n'est pas là, Monsieur.

M. AUBRAY : Ah bon. Alors Caroline, lisez ______ devoirs, s'il vous plaît.

LES ÉLÈVES : Caroline n'est pas là non plus *(auch nicht)*.

M. AUBRAY : Comment ça ? Où sont Adrien et Caroline ?

UN ÉLÈVES : Ils sont chez ______ grands-parents à Paris pour fêter l'anniversaire de ______ grand-mère. Vous avez une lettre de ______ parents devant vous.

M. AUBRAY : Une lettre ?

LAURENT : Pardon Monsieur, je peux vous poser une question ?

M. AUBRAY : Bien sûr.

LAURENT : M. Aubray, où sont ______ lunettes ?

gabe 43 **Gemischte Aufgabe:** Setze die richtigen Possessivbegleiter ein. Du musst alle Possessivbegleiter verwenden, es kommt aber jeder nur einmal vor.

Chez les grands-parents

Les Gayan arrivent à Paris. La grand-mère ouvre la porte.

GRAND-MÈRE : Oh, quelle surprise ! Entrez ______ *(meine)* enfants.

MADAME GAYAN : Merci maman. Voilà ______ *(dein)* cadeau.

GRAND-MÈRE : Merci ______ *(mein)* chérie.

MADAME GAYAN : Où est papa ?

GRAND-MÈRE : Il est dans le jardin. Il s'occupe de ______ *(seine)* roses. Je vais l'appeler. – Louis, arrête de travailler. Les enfants sont là.

Adrien et Caroline sont dans la salle de séjour et lisent ______ *(ihre)* BD quand ______ *(ihr)* grand-père arrive.

GRAND-PÈRE : Bonjour les enfants. Où sont ______ *(eure)* parents ?

ADRIEN : ______ *(unsere)* parents ? ______ *(mein)* père met ______ *(sein)* voiture dans le garage et maman, je ne sais pas où elle est.

GRAND-PÈRE : Ah bon. Et que fait ______ *(eure)* grand-mère ?

CAROLINE : Elle est dans la cuisine. Elle prépare ______ *(unsere)* chocolat chaud.

Madame et Monsieur Gayan entrent dans la salle de séjour.

MADAME GAYAN : Bonjour papa. Tu vas bien ? Tu as toujours des problèmes avec ______ *(deine)* jambes ?

GRAND-PÈRE : Non, non. Ça va mieux.

MADAME GAYAN : Que fait maman encore dans la cuisine ? Elle fait le gâteau pour ______ *(ihr)* anniversaire ?

GRAND-PÈRE : Non, non. On a encore le temps. L'anniversaire de ______ *(deine)* mère, c'est la semaine prochaine.

4 Die Demonstrativbegleiter

Wie lauten die Formen der Demonstrativbegleiter?

Die Demonstrativbegleiter sind wie die Possessivbegleiter veränderlich. Ihre Formen sind:

	maskulin	*feminin*
Singular	**ce/cet**	**cette**
Plural	**ces**	

Beispiele:

<u>ce</u> garçon	*dieser Junge*
<u>cet</u> ordinateur	*dieser Computer*
<u>cette</u> voiture	*dieses Auto*
<u>ces</u> animaux	*diese Tiere*
<u>ces</u> photos	*diese Fotos*

Wann werden die Demonstrativbegleiter verwendet?

Die Demonstrativbegleiter dienen dazu, auf jemanden oder etwas in unmittelbarer Nähe hinzuweisen.

Beispiel: Je voudrais <u>ce</u> gâteau et <u>ces</u> biscuits.

Aufgabe 44 Caroline und ihre Austauschschülerin Julia sind in einem Musikladen. Sie wollen eine CD kaufen.

Erfinde ein Gespräch zwischen Caroline, Julia und dem Verkäufer. Verwende dabei möglichst viele der folgenden Wörter mit den dazugehörenden Demonstrativbegleitern.

> magasin de disques, musique, chanson, CD, vendeur, interprète, groupe, musiciens, mélodie, chanteur, chanteuse

____

____

____

____

____

____

____

____

____

____

abe 45 Es ist bald Weihnachten und Adrien und Caroline schreiben ihre Wunschliste. Schreibe auf, was Adrien und Caroline sich wünschen und verwende dabei die passenden Demonstrativbegleiter.

Deux lettres au Père Noël

Je voudrais … cet ordinateur

____

____

____

Adrien

Je voudrais ...

Caroline

5 Die Subjekt- und Objektpronomen

Pronomen sind Wörter, die **Nomen ersetzen.** Je nachdem, ob ein Nomen im Subjekt oder ein Nomen im Objekt (direktes oder indirektes Objekt) ersetzt wird, heißen sie **Subjektpronomen** bzw. **Objektpronomen**.

5.1 Die Subjektpronomen

Subjektpronomen (auch Personalpronomen genannt) ersetzen ein Nomen, das Subjekt eines Satzes ist. Sie antworten immer auf die Frage ‚Wer?' oder ‚Was?'.

Die Subjektpronomen heißen im Französischen wie folgt:

je	*ich*	**nous**	*wir*
tu	*du*	**vous**	*ihr / Sie*
il, elle, on	*er, sie, man (wir)*	**ils, elles**	*sie*

Beispiele: Mme Gayan est dans la cuisine. Elle prépare un repas.
« Où sont les enfants ? » « Ils sont encore à l'école. »

gabe 46 Antworte auf die gestellten Fragen. Verwende die erforderlichen Subjektpronomen.

a)

Que fait Anne ?

Elle téléphone.

b)

Où est Luc ?

c)

Que font les parents de Luc et Anne ?

____

____

d)

Que font les filles ?

____

____

e)

– « Caroline et Adrien, qu'est-ce que vous faites ? »

– « ______________________________

______________________________ »

f)

– « Maman, où est-ce que tu es ? »

– « ______________________________

______________________________ »

5.2 Die direkten Objektpronomen der 3. Person

Das direkte Objektpronomen ersetzt ein direktes Objekt (Frage: ‚wen?' oder ‚was?').

- Die **direkten Objektpronomen der 3. Person** heißen
  le, wenn das Objekt männlich ist,
  la, wenn das Objekt weiblich ist und
  les, wenn das Objekt im Plural steht.

  Beispiele: Sophie regarde la carte. — Sophie la regarde.
  Sophie regarde les maisons. — Sophie les regarde.

- **Vor Vokalen** und **„stummem *h*"** werden *le* und *la* apostrophiert: **l'**

  Beispiel: « Tu as le ballon ? » — « Oui, je l'ai. »

Bezieht sich *le* auf einen ganzen Satz kann es auch ‚es' oder ‚das' bedeuten.

Beispiel: Je ne le comprends pas. — *Ich verstehe es/das nicht.*

gabe 47 Wie lauten die direkten Objektpronomen der folgenden Objekte?

a) la cathédrale	la	b) la forêt	______
c) le chat	______	d) les exemples	______
e) l'appartement	______	f) l'exercice	______
g) les journaux	______	h) le groupe	______
i) l'auberge de jeunesse	______	j) l'interview	______
k) les couleurs	______	l) les châteaux	______

Wo steht das Pronomen, das das direkte Objekt ersetzt?
Während das direkte Objekt immer direkt hinter dem Verb steht (daher die Bezeichnung), steht das **direkte Objektpronomen vor dem konjugierten Verb**.

Beispiel: Sophie regarde le film. — Sophie le regarde.

gabe 48 Beantworte die folgenden Fragen mit einem Objektpronomen.

A Paris

a) Tu connais le Louvre ? — Oui, je le connais.

b) Tu connais les Tuileries ? — Oui, ____________________.

c) Tu connais l'Arc de triomphe ? — Oui, ____________________.

d) Tu connais le musée d'Orsay ? Oui, ______________________.

e) Tu connais les grands boulevards ? Oui, ______________________.

f) Tu connais l'île de la Cité ? Oui, ______________________.

g) Tu connais Disneyland ? Oui, ______________________.

h) Tu connais la cathédrale Notre-Dame ? Oui, ______________________.

Wo stehen die Objektpronomen im verneinten Satz?
Bei einem verneinten Satz umschließt ***ne … pas*** (oder eine andere Form der Verneinung) das **Objektpronomen und das Verb**.
Beispiel: « Tu as le ballon ? » « Non, je ne l'ai pas. »

Aufgabe 49 Ergänze die folgenden Sätze.

Avant le départ …
ALEXANDER : Alors on y va ?
ADRIEN : Oui, partons !

a) ALEXANDER : Tu prends *l'appareil-photo* ?
ADRIEN : Non, *je ne le prends pas* .

b) ALEXANDER : Tu as ______________________ ?
ADRIEN : Non, ______________________.

c) ALEXANDER : On prend ______________________ ?
ADRIEN : Non, ______________________.

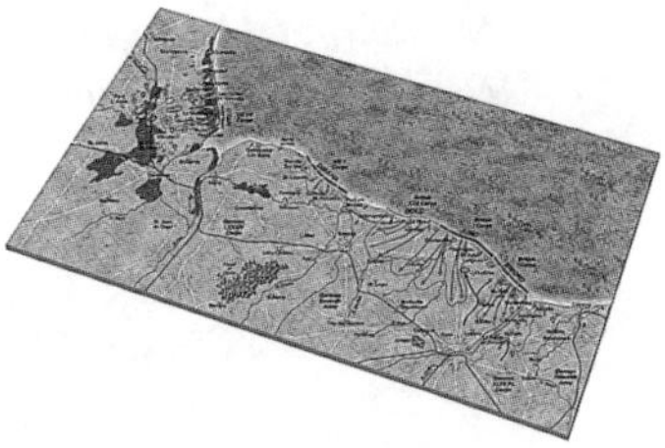

d) ALEXANDER : Tu as ____________________ ?
ADRIEN : Non, ____________________ .

e) ALEXANDER : Tu prends ____________________ ?
ADRIEN : Non, ____________________ .

f) ALEXANDER : On met les chaussures d'escalade ?
ADRIEN : Non, ____________________ .

g) ALEXANDER : Et les boissons ?
ADRIEN : ____________________ .

ALEXANDER : Mais comment est-ce qu'on va faire de l'escalade ?
ADRIEN : De l'escalade ? On va au stade !

Wo steht das direkte Objektpronomen, wenn ein Infinitiv im Satz steht?
Wenn in einem verneinten oder bejahten Satz ein **Infinitiv** steht, rückt das Pronomen vor den Infinitiv.

Beispiele: « Sophie veut regarder le film ? » + « Oui, elle veut le regarder. »
– « Non, elle ne veut pas le regarder. »
« Tu vas aider ton frère ? » + « Oui, je vais l'aider. »
– « Non, je ne vais pas l'aider. »

Aufgabe 50 Ersetze das unterstrichene Objekt durch das passende Pronomen. Ergänze die Antworten.

M. GAYAN : Tu veux passer le week-end à Marseille ?

MME GAYAN : Non, *je veux le passer* ________ ici.

M. GAYAN : Ici ? Tu ne veux pas voir ta sœur ?

MME GAYAN : Non, je ne ________________.

M. GAYAN : Mais tu ne vas pas fêter son anniversaire avec elle ?

MME GAYAN : Non, ________________ chez elle.

M. GAYAN : Alors, tu dois appeler Louisette pour dire que tu ne viens pas.

MME GAYAN : Je sais, ________________ demain.

M. GAYAN : Bon, comme tu veux. Mais qu'est-ce qu'on va faire le week-end ?

MME GAYAN : On va aller chercher les enfants.

M. GAYAN : Ah les enfants !

MME GAYAN : Mais oui, on ne ______ peut pas ______ laisser une semaine de plus chez ta sœur.

Aufgabe 51* **Gemischte Aufgabe:** Die Eltern von Caroline und Adrien wollen die Großeltern in Paris besuchen. Ergänze im folgenden Dialog die Antworten. Verwende dabei die passenden Objektpronomen.

a) Tu as le plan de Paris ?
Non, *je ne l'ai pas.* ________________

b) Tu connais la route ?
Oui, ________________

c) N'oublie pas l'argent.
Non, je ne ______ vais ________________

d) Tu as les fleurs pour maman ?

Oui, ______________________________

e) Tu vas prendre le numéro de téléphone des voisins ?

Oui, ______________________________

f) N'oublie pas tes lunettes.

Non, ______________________________

g) Tu veux prendre tes journaux ?

Non, ______________________________

h) Les enfants peuvent prendre le perroquet *(Papagei)* ?

Non, ______________________________

i) Tu vas préparer les sandwichs pour le pique-nique ?

Oui, ______________________________

j) Bon. Tu appelles les enfants ? On peut partir.

D'accord, ______________________ tout de suite.

abe 52* **Gemischte Aufgabe:** Es führen mehrere Wege ans Ziel, aber nur bei einem bilden die Wörter, an denen du vorbeikommst, grammatikalisch richtige Sätze. Finde diesen Weg.

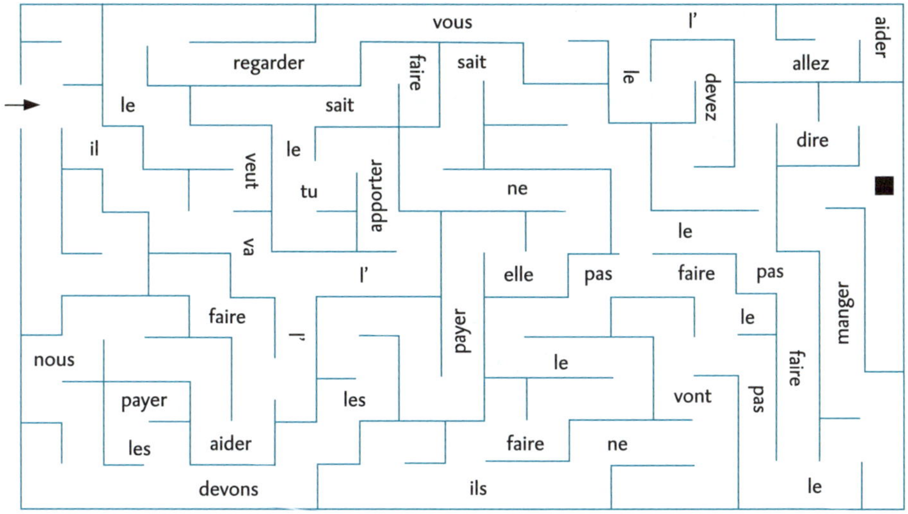

5.3 Die Objektpronomen *me, te, nous, vous*

Wie lauten die Objektpronomen für die 1. und 2. Person?

- Die **Formen der Objektpronomen** für die 1. und 2. Person lauten:

	Singular	Plural
1. Person	**me** (*mich/mir*)	**nous** (*uns*)
2. Person	**te** (*dich/dir*)	**vous** (*euch/Sie/Ihnen*)

- Diese Objektpronomen ersetzen sowohl **direkte** als auch **indirekte Objekte**. Du wirst aus dem Satzzusammenhang erkennen, wie die Übersetzung lautet.

Beispiele:

Tu me comprends ?	*Verstehst du mich?*
Tu me donnes le verre ?	*Gibst du mir das Glas ?*
Je te vois.	*Ich sehe dich.*
Je t'écris une lettre.	*Ich schreibe dir einen Brief.*
Il nous regarde.	*Er schaut uns an.*
Je vous donne la clé.	*Ich gebe euch / Ihnen den Schlüssel.*
Il vous aime, Madame.	*Er liebt Sie, Madame.*

- Für die **Stellung** der Objektpronomen der 1. und 2. Person gelten dieselben Regeln wie für die Stellung der direkten Objektpronomen der 3. Person (*le, la, les*).

Aufgabe 53 Vervollständige den Text mit den in Klammern angegebenen Pronomen.

LA MÈRE : Philippe, tu __m'__ (*mich*) écoutes ?

PHILIPPE : Oui, je __t'__ (*dich*) écoute, maman.

LA MÈRE : On va faire des courses cet après-midi, et tu vas ______ (*uns*) accompagner.

PHILIPPE : ______ (*euch*) accompagner, pourquoi ?

LA MÈRE : On ne va pas ______ (*dich*) laisser seul à la maison.

PHILIPPE : Pourquoi est-ce que vous ne pouvez pas ______ (*mich*) laisser ici ? Je suis assez grand.

LA MÈRE : Tu dois ______ (*uns*) aider.

PHILIPPE : Mais je dois faire mes devoirs.

LA MÈRE : Ne ______ (*mir*) raconte pas d'histoires. Je ______ (*dich*) connais. Tu ne vas pas ______ (*mir*) dire que tu fais tes devoirs. Je sais que tu ______ (*dich*) amuses avec ton ordinateur. Alors, viens ici maintenant. Je ne veux pas ______ (*dich*) appeler trois fois.

abe 54 Übersetze die Objektpronomen *(me, te, nous, vous)* in den folgenden Sätzen.

a) – Gilles, tu me montres tes jeux vidéo ? ____________
– D'accord, je vais te montrer mes jeux. ____________

b) – Vous allez nous accompagner ? ____________
– D'accord, nous allons vous accompagner. ____________

c) – Monsieur, les BD, ça vous intéresse ? ____________
– Non, ça ne m'intéresse pas. ____________

d) – Je peux te demander quelque chose ? ____________
– Bien sûr, tu peux toujours me demander. ____________

e) – Monsieur, je vous présente ma correspondante Charlotte. ____________
– Ah oui, bonjour Charlotte. Enchanté *(erfreut)* de vous connaître. _______

abe 55 **Gemischte Aufgabe:** Caroline und Adrien sprechen mit ihren Eltern über die bevorstehende Reise zu ihren Großeltern und tragen ihre Wünsche vor. Vervollständige den Text mit den in Klammern angegebenen Pronomen. Achtung, es kommen auch die Pronomen der 3. Person vor.

ADRIEN : Papa, tu ______ *(uns)* laisses prendre le perroquet *(Papagei)* ?

LE PÈRE : Non, Adrien. Nous n'avons pas de place dans la voiture.

ADRIEN : Papa, pourquoi est-ce que tu ne ______ *(mich)* laisses pas l'emmener ?

LE PÈRE : Tu ne ______ *(mich)* comprends pas ?

CAROLINE : Je ne veux pas partir sans perroquet.

LA MÈRE : Ecoutez les enfants. Papa ______ *(euch)* dit qu'il n'y a pas de place pour le perroquet. Je ______ *(mich)* demande pourquoi vous ne pouvez pas ______ *(es)* comprendre.

CAROLINE : Vous ne voulez pas ______ *(ihn)* prendre parce que vous ne ______ *(ihn)* aimez pas vraiment.

LE PÈRE : Je ne veux plus de discussions. Vous allez ______ *(mir)* écouter. Vous allez monter dans la voiture maintenant. Et sans perroquet.

ADRIEN : Comme tu veux. Mais les BD, on peut ______ *(sie)* prendre ?

LE PÈRE : Les BD, d'accord. Elles ne font pas de bruit *(Lärm)*.

Aufgabe 56 **Gemischte Aufgabe:** Während der Fahrt nach Paris unterhalten sich Caroline und Adrien. Bringe die Wörter in die richtige Reihenfolge. Achte auf die Stellung der Objektpronomen.

a) ADRIEN : dire vais je quelque chose te

Je vais te dire quelque chose.

b) CAROLINE : quoi c'est

______________________________ ?

c) ADRIEN : place la voiture assez de il y a dans

______________________________ .

d) CAROLINE : aussi vois je le

______________________________ .

e) ADRIEN : ne nos parents pas respectent nous

______________________________ .

aime les je plus ne

______________________________ .

f) CAROLINE : vais raconter le je grands-parents aux

______________________________ .

g) ADRIEN : nous comprennent oui, ils

______________________________ .

h) CAROLINE : les tu grands-parents aimes

______________________________ ?

i) ADRIEN : je oui, aime les

______________________________ .

j) CAROLINE : me des cadeaux toujours fait la grand-mère

______________________________ .

k) ADRIEN : super la je moi aussi, trouve

______________________________ .

l) CAROLINE : contente de suis revoir la je

______________________________ .

6 Zahlen und Zeitangaben

6.1 Die Zahlen von 0 bis 100

Die Zahlen von 0 bis 10

		✎	🔈			✎	🔈
0	=	zéro	[zero]				
1	=	un	[ɛ̃]	6	=	six	[sis]
2	=	deux	[dø]	7	=	sept	[sɛt]
3	=	trois	[tʀwa]	8	=	huit	[ɥit]
4	=	quatre	[katʀ]	9	=	neuf	[nœf]
5	=	cinq	[sɛ̃k]	10	=	dix	[dis]

abe 57 Löse das folgende Sudoku. Schreibe die Zahlen aus.

deux				huit	sept			six
neuf	sept		quatre		trois	cinq		huit
trois			neuf		deux	un		
six				sept				
	neuf						huit	trois
		quatre	cinq			deux		un
		six			un		cinq	deux
			trois	quatre			un	neuf
	cinq	neuf	huit				quatre	

Regeln zur Aussprache

- Wenn die Zahl **allein** steht, wird der **Endkonsonant** bei *cinq, six, huit* und *dix* **ausgesprochen** (siehe oben).
- Wenn die Zahl als Begleiter **vor einem Substantiv mit Konsonant** steht, wird der **Endkonsonant** bei *cinq, six, huit* und *dix* **nicht ausgesprochen**.
  Beispiele: cinq maisons = [sɛ̃mɛzõ] six chats = [siʃa]
  huit CD = [ɥisede] dix livres = [diliʀ]
- **Vor einem Substantiv mit Vokal** wird der **Endkonsonant** der Zahl **gebunden**.
  Beispiele: deux‿amis = [døzami] cinq‿élèves = [sɛ̃kelɛv]

Aufgabe 58 Hörst du in den folgenden Wortverbindungen den Endkonsonanten bei den Zahlen?

		oui	non			oui	non
a)	trois jours	☐	☐	b)	huit ans	☐	☐
c)	deux enfants	☐	☐	d)	deux semaines	☐	☐
e)	huit fois	☐	☐	f)	trois amis	☐	☐
g)	cinq cents	☐	☐	h)	dix personnes	☐	☐
i)	dix	☐	☐	j)	cinq pierres	☐	☐
k)	six étages	☐	☐	l)	six oranges	☐	☐

Die Zahlen von 11 bis 20

		✎	🔈			✎	🔈
11	=	onze	[õz]	16	=	seize	[sɛz]
12	=	douze	[duz]	17	=	dix-sept	[disɛt]
13	=	treize	[trɛz]	18	=	dix-huit	[dizɥit]
14	=	quatorze	[katɔʀz]	19	=	dix-neuf	[diznœf]
15	=	quinze	[kɛ̃z]	20	=	vingt	[vɛ̃]

Aufgabe 59 **Gemischte Aufgabe:** Ergänze die Lücken. Schreibe die Zahlen aus.

Un cours de maths chez les petits …

a) LE PROFESSEUR : Alors, les enfants. Devant la maison, il y a ______ voitures.

Une voiture a __________ portes et __________ fenêtres.

Cela fait combien de portes ensemble ?

PATRICK : Cela fait __________ portes, monsieur.

LE PROFESSEUR : Bien. Et cela fait combien de fenêtres ?

CATHIE : Cela fait __________ fenêtres, monsieur.

b) LE PROFESSEUR : Ecoutez, les enfants. On va faire un deuxième exercice.

J'ai __________ poires,

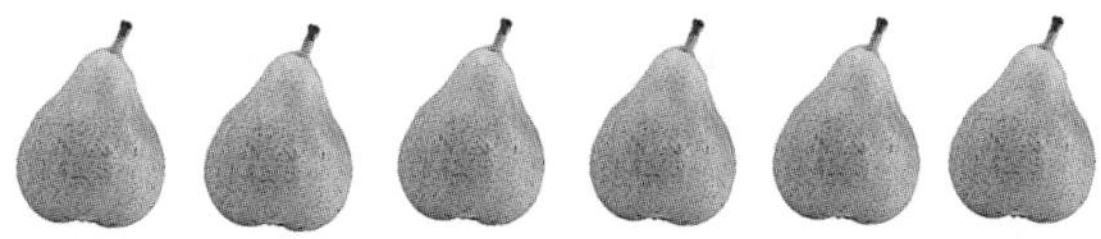

__________ fraises,

__________ bananes,

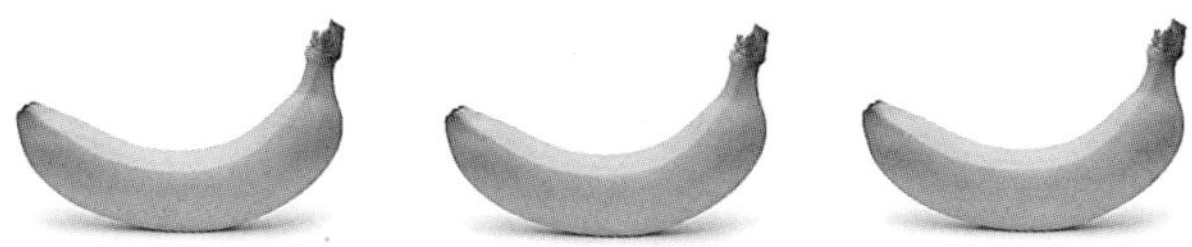

__________ prunes,

__________ pommes.

Qu'est-ce que cela donne ?

MICHAEL : Une salade de fruits, Monsieur.

Die Zahlen von 21 bis 69

21	=	vingt et un	[vɛ̃teɛ̃]	26	=	vingt-six	[vɛ̃tsis]
22	=	vingt-deux	[vɛ̃tdø]	27	=	vingt-sept	[vɛ̃tsɛt]
23	=	vingt-trois	[vɛ̃ttʀwa]	28	=	vingt-huit	[vɛ̃tɥit]
24	=	vingt-quatre	[vɛ̃tkatʀ]	29	=	vingt-neuf	[vɛ̃tnœf]
25	=	vingt-cinq	[vɛ̃tsɛ̃k]	30	=	trente	[trãt]

Bei den Zahlen von 31 bis 69 musst du eigentlich nur die Zehnerzahlen neu hinzulernen:

40	=	quarante	[karãt]
50	=	cinquante	[sɛ̃kãt]
60	=	soixante	[swasãt]

Die übrigen Zahlen bildest du wie die Reihe 21 bis 29.

Beispiele:	31	=	trente et un	[trãteɛ̃]
	42	=	quarante-deux	[karãtdø]
	69	=	soixante-neuf	[swasãtnœf]

Aufgabe 60 Schreibe die folgenden Rechenaufgaben aus und rechne.

a) 19 + 17 = ____________________

____________________ + ____________________ = ____________________

b) 63 - 16 = ____________________

____________________ - ____________________ = ____________________

c) 21 · 3 = ____________________

____________________ · ____________________ = ____________________

d) 25 + 26 = ____________________

____________________ + ____________________ = ____________________

e) 69 - 14 = ____________________

____________________ - ____________________ = ____________________

Die Zahlen von 70 bis 100

Etwas komplizierter wird es bei den Zahlen von 70 bis 100.

- Die Zahlen von 70 bis 79 werden gebildet aus 60 + 10 / 11 / 12 … 19.

70	=	soixante-dix	75	=	soixante-quinze
71	=	soixante et onze	76	=	soixante-seize
72	=	soixante-douze	77	=	soixante-dix-sept
73	=	soixante-treize	78	=	soixante-dix-huit
74	=	soixante-quatorze	79	=	soixante-dix-neuf

- Die Zahlen von 80 bis 89 werden gebildet aus 4 · 20 + 1 / 2 / 3 … 9.

80	=	quatre-vingts	85	=	quatre-vingt-cinq
81	=	quatre-vingt-un	86	=	quatre-vingt-six
82	=	quatre-vingt-deux	87	=	quatre-vingt-sept
83	=	quatre-vingt-trois	88	=	quatre-vingt-huit
84	=	quatre-vingt-quatre	89	=	quatre-vingt-neuf

- Die Zahlen von 90 bis 99 werden gebildet aus 4 · 20 + 10 / 11 / 12 … 19.

90	=	quatre-vingt-dix	95	=	quatre-vingt-quinze
91	=	quatre-vingt-onze	96	=	quatre-vingt-seize
92	=	quatre-vingt-douze	97	=	quatre-vingt-dix-sept
93	=	quatre-vingt-treize	98	=	quatre-vingt-dix-huit
94	=	quatre-vingt-quatorze	99	=	quatre-vingt-dix-neuf

- Die Zahl 100 = cent [sã]

Wenn die Zahlen 21, 31, 41, 51, 61, 81 **vor einem weiblichen Nomen** stehen, wird aus *un* die Form ***une***.

Beispiel: Il y a vingt et une filles dans notre classe.

gabe 61 **Gemischte Aufgabe:** Sophie lädt acht Freunde zum Geburtstag ein. Trage in die Kästchen ihre Telefonnummern ein. Wenn du dann die Buchstaben der blau unterlegten Felder aneinanderreihst, erhältst du ihre Vornamen.

__________ Chauvrot
3, rue des Champs
☎ 01 42 03 44 28

__________ Lemaire
14, rue Bayard
☎ 01 50 23 91 13

__________ Cadet
33, rue de la Montagne
☎ 01 58 36 76 97

__________ Maugain
84, rue Saint Jacques
☎ 01 61 27 73 82

________ Gayan
26, rue des Chevaliers
☎ 01 22 51 25 38

________ Palanchon
114, rue du Parc
☎ 01 49 88 64 16

gabe 62 Schreibe das Ergebnis der folgenden Rechenaufgaben in Buchstaben aus.

a) soixante-seize + quatorze = ________
b) trente-trois – douze = ________
c) quatre-vingt-quatre + sept = ________
e) quarante-neuf + quarante = ________
f) vingt-deux + cinquante-neuf = ________
g) soixante-dix – trente-quatre = ________
h) soixante-dix-sept – onze = ________
i) quarante-trois + dix-huit = ________

Aufgabe 63 Auf den alten französischen Autokennzeichen gaben, anders als in Deutschland, die letzten beiden Ziffern Auskunft über die Herkunft des Wagens:

In der Karte sind die Nummern der Départements und die jeweiligen Hauptstädte angegeben:

Schreibe die Hauptstadt des jeweiligen Bezirks *(département)* in die Kästchen und du erhältst ein Lösungswort.

F 4671 PG 77 Le soixante-dix-sept vient de

F 5549 XJ 76 Le ______ vient de

F 6405 DS 82 Le ______ vient de

F 2197 RQ 86 Le ______ vient de

F 1243 LM 75 Le ______ vient de

F 4459 DE 94 Le ______ vient de

F 3720 FX 81 Le ______ vient de

F 9871 GH 83 Le ______ vient de

F 7104 MR 95 Le ______ vient de

F 3047 TV 91 Le ______ vient de

F 6218 HS 79 Le ______ vient de

Lösungswort:

Les voitures de cette ville ont le numéro ______.

Bei den neuen Kennzeichen kann nicht mehr abgelesen werden, woher der Wagen kommt.

F AB-123-CD

6.2 Datum, Tageszeiten, Wochentage

Wie wird das Datum angegeben?
Beim Datum musst du zwei Dinge beachten:

- Das Datum wird im Französischen mit den normalen Zahlen (den **Kardinalzahlen**) angegeben, nicht wie im Deutschen mit den Ordnungszahlen (den Ordinalzahlen).
  Beispiel: le **10** août 2008 *der/am* ***10.*** *August 2008*
  Ausnahme: Der erste eines Monats, z. B. *le premier janvier (le 1er janvier).*
- Im Französischen sagt man nicht „Wir **haben** den 10. August“, sondern „Wir **sind** den 10. August“.
  Beispiel: Nous sommes le 10 août./On est le 10 août.

Aufgabe 64 Schreibe in der folgenden Tabelle auf, wann deine Verwandten und Freunde Geburtstag haben.

L'anniversaire de ma copine	*Caroline*	*est le 9 août 1994*
mon père	______	______
ma mère	______	______
mon fère	______	______
ma sœur	______	______
mon grand-père	______	______
ma grand-mère	______	______
mon copain	______	______
mon copain	______	______
mon copain	______	______
ma copine	______	______
ma copine	______	______
ma copine	______	______
Mon anniversaire		______

Wie werden Tageszeiten angegeben?

- **Tageszeiten** stehen im Französischen mit dem **bestimmten Artikel**.

Beispiele:	le matin	*am Morgen/morgens*
	l'après-midi	*am Nachmittag/nachmittags*
	le soir	*am Abend/abends*
	à huit heures du matin	*um acht Uhr morgens*

Ausnahmen bilden ***midi*** und ***minuit***.

Beispiele:	à midi	*am Mittag/mittags*
	à minuit	*um Mitternacht*

- Ergänzt du allerdings die Tageszeiten **mit anderen Zeitangaben**, darfst du **keinen Artikel** mehr setzen.

Beispiel:	hier soir	*gestern Abend*

fgabe 65 Caroline schreibt ihrer Freundin eine Karte aus den Ferien in Six-Fours-les-Plages in Südfrankreich. Übersetze die Angaben in den Klammern.

Chère Julie,

Ici, à Six-Fours-les-Plages, nous dormons très longtemps. On se lève ______________________________ (um 9 oder 10 Uhr morgens). *Ensuite, on prend le petit déjeuner sur la terrasse et on discute le programme de la journée. On ne fait pas beaucoup* ____________ (morgens). ______________________ (mittags) *on ne mange pas à la maison, parce que nous faisons souvent du pique-nique à la plage* ____________________ (nachmittags). ____________________ (am Abend) *on reste à la maison où on fait des jeux jusqu'* ________________ (um Mitternacht). ______________________ (morgen abend) *on va rentrer. Mon père préfère voyager* ________________ (nachts).

Salut, et à bientôt,
Caroline

Julie Binel
8, rue de l'Impasse
91000 Evry

Wie werden Wochentage angegeben?

- Wochentage stehen **mit dem bestimmten Artikel**, wenn etwas **regelmäßig** stattfindet.

  Beispiele: le mardi *dienstags* le samedi *samstags*

- Wochentage stehen **ohne Artikel**, wenn etwas **einmalig** stattfindet.

  Beispiele: lundi *am Montag* vendredi *am Freitag*

Du kannst es dir aber auch ganz einfach so merken: Wenn du im Deutschen an die Tageszeit oder den Wochentag ein „-s" anhängen kannst, steht im Französischen der bestimmte Artikel.

Beispiele: **le** dimanche après-midi = Sonntag nachmittag**s** = regelmäßig
aber: dimanche après-midi = am Sonntag nachmittag (einmalig)

Aufgabe 66 Auf den folgenden Zetteln hat Adrien aufgeschrieben, was er immer montags, dienstags usw. macht. Bilde aus den Stichpunkten ganze Sätze.

LUNDI

faire les courses avec mes parents

Le lundi, il fait les courses avec ses parents.

MARDI

aller au cours de guitare

MERCREDI

sortir avec mes copains

JEUDI

regarder « Qui veut être millionaire ? » à la télé

VENDREDI

ranger ma chambre

SAMEDI / DIMANCHE

faire du vélo avec mes copains/jouer au foot dans mon club gabe 67 Erstelle nun deinen eigenen Wochenplan.

a)	**Lundi**		
b)	**Mardi**		
c)	**Mercredi**		
d)	**Jeudi**		
e)	**Vendredi**		
f)	**Samedi**		
g)	**Dimanche**		

gabe 68* **Gemischte Aufgabe:** Caroline hat ihre Freundin Cathérine über das Wochenende zu sich nach Hause eingeladen und erzählt ihr am Telefon, was sie unternehmen werden. Überlege, in welche Lücken ein Artikel eingefügt werden muss. Einmal brauchst du auch eine Präposition!

CAROLINE : Salut Cathérine. Tu arrives ______ vendredi ou ______ samedi ?

CATHÉRINE : Salut Caroline. Mon père m'emmène chez toi ________ samedi ______ matin.

CAROLINE : Ça va, parce que ______ samedi ______ après-midi, on va à la piscine.

CATHÉRINE : C'est super ! Tu vas toujours à la piscine ______ samedi ______ après-midi ?

CAROLINE : Non, pas toujours. Quand il pleut, on joue aux cartes ou on va au cinéma.

CATHÉRINE : Et qu'est-ce qu'on fait ______ dimanche ?

CAROLINE : Bon, ______ dimanche ______ matin on va toujours à la messe, et ______ après-midi on accompagne David au stade.

CATHÉRINE : Ah bon ? Il joue au foot, ton frère ?

CAROLINE : Oui, il est dans le club et ______ dimanche ils jouent contre Nancy.

CATHÉRINE : D'accord. On se voit ______ samedi, alors.

CAROLINE : Très bien, ______ samedi, Salut Cathérine.

CATHÉRINE : Salut Caroline.

Aufgabe 69 Caroline erwartet Julia zu Besuch. Schreibe in ganzen Sätzen, was sich Caroline für diese Zeit vorgenommen hat.

a) Samstag, 14. August — arrivée de Julia
Samedi, le 14 août, Julia arrive.

b) um Mittag — partir à la gare
____

c) am Nachmittag — discuter avec Julia
____

d) am Abend — se coucher tôt
____

e) am nächsten Morgen — faire un tour dans le quartier
____

f) Sonntag nachmittag — faire une promenade en ville
____

g) Montag, 16. August — faire les courses avec maman
____

h) am Nachmittag — avoir rendez-vous avec Cathérine
____

i) Dienstag morgen — écouter des CD avec Julia
____

j) Mittwoch nachmittag — aller au club de théâtre
____

6.3 Die Uhrzeit

Wie bildest du die umgangssprachliche Zeitangabe?

- **Bis HALB** werden die Minuten zur vollen Stunde **hinzugezählt**.

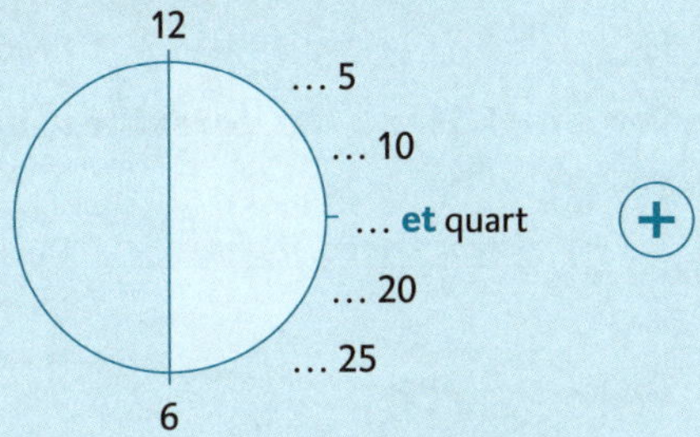

Beispiele:	**Il est**	deux heures	*Es ist zwei Uhr*
		deux heures et quart	*viertel nach zwei (viertel drei)*
		deux heures vingt	*zwanzig nach zwei*
		deux heures et demie	*halb drei*

- **Nach HALB** werden die Minuten von der vollen Stunde **abgezogen**.

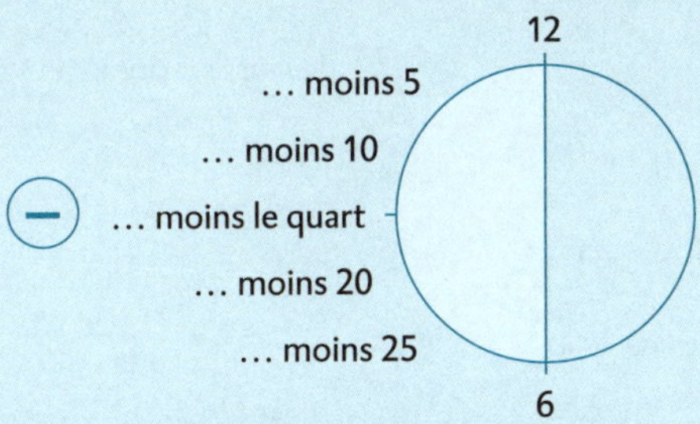

Beispiele:	**Il est**	trois heures	*Es ist drei Uhr*
		trois heures moins cinq	*fünf vor drei*
		trois heures moins le quart	*viertel vor drei (dreiviertel drei)*
		trois heures moins vingt	*zwanzig vor drei*
		trois heures moins vingt-cinq	*fünf nach halb drei*

- Statt 12 Uhr sagt man ***midi*** = Mittag oder ***minuit*** = Mitternacht.

Beispiel: il est midi moins le quart / il est minuit moins le quart } es ist viertel vor 12

Aufgabe 70 M. Aubray, Französischlehrer vom Collège von Montmorency, nördlich von Paris, macht mit seiner Klasse einen Ausflug zum Schloss von Versailles. Den zeitlichen Ablauf siehst du unten dargestellt. Schreibe die Uhrzeiten aus.

Montmorency, le 16 octobre 2006

Excursion au château de Versailles, vendredi, le 20 octobre

sept heures et demie : Départ au collège de Montmorency

__________ : Petit déjeuner pique-nique dans la forêt de St. Germain

__________ : Départ de l'autobus

__________ : Arrivée devant le château de Versailles

De 
____

à 
__________ : Visite du château

De 
____

à 
__________ : Promenade et pique-nique dans les jardins du château

__________ : Départ du bus

__________ : Retour à Montmorency

fgabe 71 Schreibe, was du normalerweise um die folgenden Uhrzeiten machst.

a)

b)

c)

d)

e)

f)

Wie lauten die offizielle Zeitangaben?

Die offizielle Zeitangabe erfolgt wie im Deutschen.

Beispiele:		Il est	Es ist
	12:05	douze heures cinq	*12 Uhr 5*
	14:15	quatorze heures quinze	*14 Uhr 15*
	18:30	dix-huit heures trente	*18 Uhr 30*
	20:45	vingt heures quarante-cinq	*20 Uhr 45*
	22:25	vingt-deux heures vingt-cinq	*22 Uhr 25*
	0:35	zéro heure trente-cinq	*0 Uhr 35*

Das einzige, was du beachten musst, ist, dass ***heure* und *minute* weiblich** sind.

Beispiel: 21:31 vingt et une heures trente et une

Aufgabe 72 Auf der Karte siehst du das Streckenprofil der 7. Etappe der Tour de France 2007 (einer schweren Bergetappe) von Val d'Isère nach Briançon.

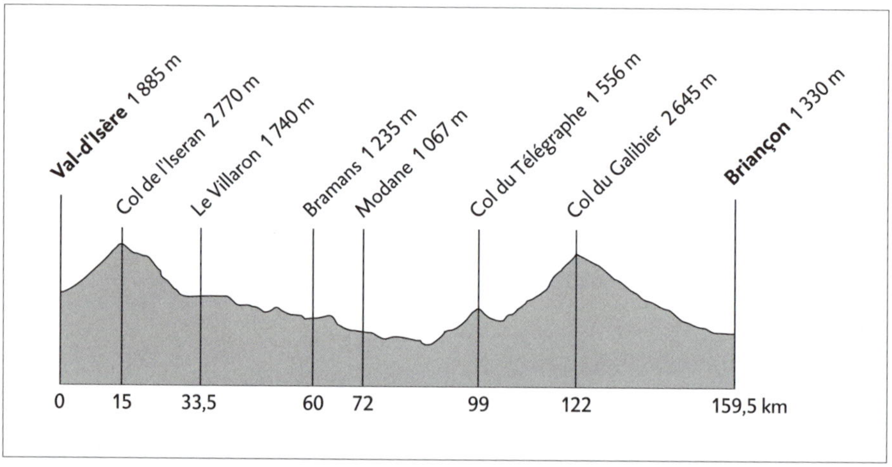

Die Tourleitung hatte für diese Etappe den folgenden offiziellen Zeitplan erstellt. Schreibe die angegebenen Durchfahrtszeiten als offizielle Zeitangabe.

a)	**Départ**	Val d'Isère	12:30	*douze heures trente*
b)		Col de l'Iseran	13:16	__________
c)		Le Villaron	13:34	__________
d)		Bramans	14:08	__________
e)		Modane	14:26	__________
f)		Col du Télégraphe	15:21	__________
g)		Col du Galibier	16:15	__________
h)	**Arrivée**	Briançon	17:01	__________

… rund ums Verb

7 Das *présent*

Was ist das *présent*?
Das *présent* ist die Zeit der Gegenwart. Damit werden Handlungen und Zustände wiedergegeben, die sich im Moment abspielen oder gerade gültig sind.

7.1 Das Konjugieren von Verben

Französische Verben werden konjugiert. Das bedeutet, dass sie je nach Zeit (Tempus) und Modus, aber auch je nach Person und Zahl (Numerus) unterschiedliche Formen haben. Um ein Verb richtig konjugieren zu können, ist es wichtig, dass du die beiden Bestandteile der französischen Verben erkennst: den **Stamm** und die **Endung**.

	Stamm	*Endung*
Beispiel:	regard	**-er**
	fai	**-re**
	part	**-ir**

gabe 73 Welche Puzzleteile gehören zusammen? Schreibe die gefundenen Wörter in die Liste. Du darfst die Endungen mehrfach verwenden.

entr pos fai all ir 3 × coup sav dre 1 ×
ouvr er 6 × av ven li
offr répon re 3 × êt jon oir 2 × trouv

Verben auf -er	Verben auf -re	Verben auf -ir	Verben auf -oir	Verben auf -dre

7.2 Verben auf *-er*

Viele französische Verben haben im Infinitiv (Grundform) die Endung ***-er***. An dieser Endung erkennst du die **regelmäßigen Verben**. Bei diesen Verben bleibt der Stamm in allen Formen erhalten, nur die Endung ändert sich:

1. Person Singular	je regard**e**	*1. Person Plural*	nous regard**ons**
2. Person Singular	tu regard**es**	*2. Person Plural*	vous regard**ez**
3. Person Singular	il regard**e**	*3. Person Plural*	ils regard**ent**
	elle regarde		elles regardent
	on regarde		

Denke bei den Verben, die mit einem Vokal anfangen, an den **Apostroph** in der 1. Person Singular.
Beispiel: j'entre – j'arrive

Aufgabe 74 Vervollständige mit der richtigen Endung.

a)	Tu cherch____ les chaussures ?	Non, je cherch____ le pantalon.
b)	Elle travaill____ au café ?	Non, elle travaill____ au restaurant.
c)	Ils port____ un carton ?	Non, ils port____ la télé.
d)	Tu aim____ les chiens ?	Non, j'ador____ les chats.
e)	Elles arriv____ aujord'hui ?	Non, elles rentr____ demain.
f)	Tu discut____ avec maman ?	Non, je parl____ à ma sœur.
g)	Il install____ l'ordinateur ?	Non, il écout____ des CD.
h)	Ils téléphon____ à Patrick ?	Non, ils appell____ Martin.

Was musst du im gesprochenen Französischen beachten?
Das Besondere am Französischen ist, dass viele Endungen nicht ausgesprochen werden. Deshalb **lauten** bei den regelmäßigen Verben im Präsens **alle Formen im Singular und die dritte Person Plural gleich**:

Beispiel:
[poz] je pos<u>e</u>
[poz] tu pos<u>es</u>
[poz] il, elle, on pos<u>e</u>
[poz] ils, elles pos<u>ent</u>

Da diese Endungen nicht ausgesprochen werden, kannst du sie also, bei einem Diktat z. B., nicht hören. Pass deshalb auf, folgende Buchstaben nicht zu vergessen:

das *s* in der 2. Person Singular — tu cherches
das *nt* in der 3. Person Plural — ils cherchent

abe 75 Welche Verben findest du zu den Buchstaben deines Vornamens? Schreibe anschließend einen Satz über dich selbst mit jedem gefundenen Verb.

Je m'appelle

1	2	3	4	5	6	7	8	9	10

a) Verb

1 ☐ ____________________

2 ☐ ____________________

3 ☐ ____________________

4 ☐ ____________________

5 ☐ ____________________

6 ☐ ____________________

7 ☐ ____________________

8 ☐ ____________________

9 ☐ ____________________

10 ☐ ____________________

b) Satz

1 ☐ ____________________

2 ☐ ____________________

3 ☐ ____________________

4 ☐ ____________________

5 ☐ ____________________

6 ☐ ____________________

7 ☐ ____________________

8 ☐ ____________________

9 ☐ ____________________

10 ☐ ____________________

Aufgabe 76 Setze in die Lücken die Substantive und Pronomen sowie die richtigen Formen des Verbs ein.

Mme Guérin	a) Mme Guérin prépare ____________ le repas dans la cuisine.	préparer
Elle	b) ________________________ dans la salle à manger avec le repas.	entrer
M. Guérin et les enfants Anne et Julien	c) ______________________________ à table et ______________________ :	discuter/ demander
tu	d) « Qu'est-ce que ______________________, maman ? »	apporter
Mme Guérin	e) ______________________ une grande pizza sur la table.	poser
Je/j'	f) Julien : « Oh, ______________ les pizzas. »	adorer
nous	g) M. Guérin et Anne : « Nous aussi, ________ ______________ les pizzas, merci maman. »	aimer
M. Guérin	h) __________________________ la pizza.	couper
Il/le téléphone	i) ____________________ un grand morceau à Mme Guérin quand ______________.	donner/sonner
Qui	j) M. Guérin : « ________________________ maintenant ?	téléphoner
on	k) Dans notre famille, __________________ les heures de repas.	respecter
vous	l) Et vous, les enfants, __________________ à table.	rester
On	m) ____________________________ le repas. »	terminer

gabe 77 Fülle das Kreuzworträtsel mit den angegebenen Verbformen aus:

1	remercier :	nous	7	poser :	elles
2	attraper :	ils	8	visiter :	tu
3	inviter :	tu	9	porter :	je
4	discuter :	vous	10	voler :	il
5	traverser :	on	11	chercher :	nous
6	dessiner :	elle	12	porter :	vous

gabe 78 Bilde die korrekte Verbform und füge das dazugehörige Subjektpronomen *je, tu, il,* etc. … hinzu. Bilde anschließend den Infinitiv.

a) **m**erquaz ____vous marquez____ ____marquer____

b) tesp**c**om ________ ________

c) **a**sonid ________ ________

d) ou**j**e ________ ________

e) ge**c**hannt ________ ________

f) esil**o**ub ________ ________

g) **c**zolle ________ ________

h) se**p**sa ________ ________

i) non**m**ost ________ ________

7.3 Besonderheiten der Verben auf *-er*

Auch wenn die überwiegende Zahl der Verben auf *-er* regelmäßig gebildet wird, gibt es ein paar Verben, die in manchen Formen Besonderheiten bei der Schreibung aufweisen.

- Die beiden Verben ***manger*** und ***commencer*** werden in allen Formen regelmäßig konjugiert, nur in der *nous*-Form schreibst du sie folgendermaßen:

  nous mang**e**ons
  nous commen**ç**ons (ebenso: nous partag**e**ons)

  Der Grund dafür liegt in der Aussprache. Durch diese Schreibweisen bleiben die Laute [ʒ] und [s] auch vor einem dunklen Vokal (a, o, u) erhalten.

- Eine zweite Gruppe bilden die Verben
  - ***acheter*** (‚kaufen')/***peser*** (‚wiegen')
  - ***répéter*** (‚wiederholen')/***espérer*** (‚hoffen')/***préférer*** (‚bevorzugen')
  - ***appeler*** (‚an-/rufen')/***jeter*** (‚werfen') und
  - ***payer*** (‚bezahlen')/***essayer*** (‚versuchen').

  Diese Verben konjugierst du nach folgendem Muster:

	acheter	**répéter**	**appeler**	**payer**
je/j'	achète	répète	appelle	paie
tu	achètes	répètes	appelles	paies
il, elle, on	achète	répète	appelle	paie
nous	achetons	répétons	appelons	payons
vous	achetez	répétez	appelez	payez
ils, elles	achètent	répètent	appellent	paient

Die Verben auf ***-ayer*** kannst du aber **auch regelmäßig** konjugieren.

Aufgabe 79 a) Fülle die Tabelle mit den richtigen Verbformen aus.

	préférer	essayer	jeter	peser
Je / J'				
Anne				
Nous				
Les parents				
Tu				
Vous				

b) Nun bilde mit den blau unterlegten Feldern einen Satz.

____

____

____

____

____

____

____

____

abe 80 Ergänze den Text mit den richtigen Verbformen.

a) Les enfants de M. et Mme Guérin qui ______________ *(s'appeler)* Anne et Julien ______________ *(acheter)* des CD.
b) « Qu'est-ce que tu _________ *(acheter)* ? » ____________ *(demander)* Anne.
c) Julien ______________ *(chercher)* encore. Elle ______________ *(répéter)* : « Qu'est-ce que tu ______________ *(acheter)* ? »
d) Julien : « Je ______________ *(chercher)* un CD de Claude Fugain. »
e) Anne : « Mais il ______________ *(s'appeler)* Michel Fugain. »
f) « Ah bon ? » dit Julien et _________ *(commencer)* à chercher sous « Michel ».
g) Ils ______________ *(chercher)* pendant des heures.
h) Enfin ils _________ *(trouver)* le CD « Une belle histoire » de Michel Fugain.
i) A la caisse Julien ______________ *(demander)* : « On ____________ *(payer)* le CD ensemble ? »
j) « Non, dit Anne, tu ____________ *(payer)*. »
k) Ils ____________ *(quitter)* le magasin.
l) Quand ils ____________ *(arriver)* à la maison, le repas est déjà sur la table.
m) M. Guérin n'est pas content : « Il est déjà 8 heures. Nous ______________ *(commencer)* à manger à 7 heures et demie ! »
n) « Ce n'est pas grave » *(das ist nicht schlimm)*,[1] disent les enfants, « nous ______________ *(manger)* aussi un repas froid. »

Das Verb *aller*

Das Verb *aller* (‚gehen') ist das einzige Verb auf *-er*, das völlig unregelmäßig ist. Daher musst du dir seine Formen besonders gut einprägen.

je	vais	nous	allons
tu	vas	vous	allez
il, elle, on	va	ils, elles	vont

Aufgabe 81 Ergänze die Sätze mit einer Form von *aller*.

a) Quand tu es fatigué, tu ________ au ________________________.

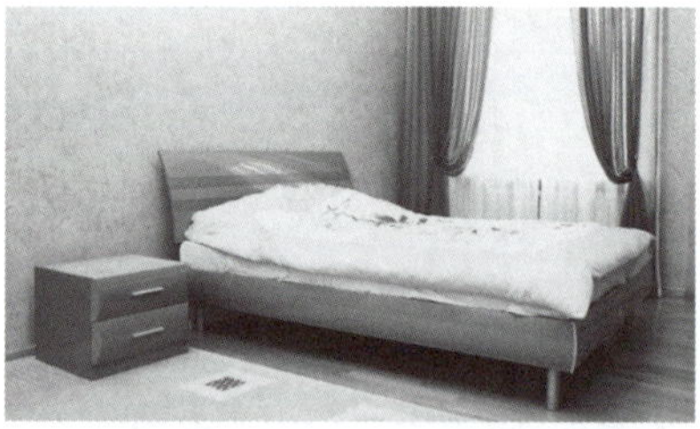

b) Après l'école, les enfants ________ à la ________________________.

c) Pour acheter un ticket, vous ________ à la ____________________.

d) En été, nous ________ au bord de la ________________.

e) Et en hiver, on ________ à la ______________.

f) Après les vacances, tu __________________ à l' __________________.

g) Pour acheter du pain, je __________________ à la ________________________.

h) Pour faire les courses, les Gayan __________ au ____________________.

i) Quand nous sommes malades, nous ________________________ chez le ________________________.

Aufgabe 82 Schreibe die angegebenen Verben in ihrer richtigen Form in die Lücken.

Au supermarché

manger	M. GAYAN : Qu'est-ce que nous _mangeons_ ce soir ?
acheter	On __________ du poisson ?
préférer	MME GAYAN : Les enfants __________ les pizzas.
payer	M. GAYAN : Ah non, regarde, une pizza pour 4 €. Je ne _______
jeter	pas 16 € pour quatre pizzas. On ne __________ pas l'argent
répéter	par la fenêtre comme ça. Voilà. Et je ne le __________ pas.
	C'est mon dernier mot.
acheter	MME GAYAN : Bon, alors nous ______________ du poisson, si
préférer	tu __________ le poisson.
appeler	Ils __________ la vendeuse.
préférer	LA VENDEUSE : Qu'est-ce que vous ________ comme poisson ?
essayer	M. GAYAN : On __________ la sole *(Scholle)*, chérie ?
	MME GAYAN : D'accord.
	M. GAYAN : Un kilo de sole, s'il vous plaît.
peser, donner	La vendeuse __________ le poisson et le __________ aux Gayan.
acheter	Après, ils __________ encore des pommes de terre. Ouf ! Elles
peser, aller	__________ 10 kilos ! Ils __________ à la caisse.
payer, demander	Vous ___________ par chèque *(mit Scheck)* ?, ____________
	la dame à la caisse.
payer	M. GAYAN : Non, non. Nous _________ en argent liquide *(bar)*.
	LA DAME : Ça fait 54 €, Monsieur.
	M. GAYAN : Pardon ?
répéter	54 €, Monsieur, __________ la dame.
payer	M. Gayan _______________ et tout le monde est content. Tout
	le monde ?

7.4 Verben auf *-dre*

Wie werden die Verben auf *-dre* konjugiert?

Die Verben auf *-dre*, zu denen *répondre* (antworten), *descendre* (aussteigen), *perdre* (verlieren) und *rendre* (zurückgeben) gehören, werden folgendermaßen konjugiert:

Beispiel:	je	répond**s**	nous	répond**ons**
	tu	répond**s**	vous	répond**ez**
	il, elle, on	répond	ils, elles	répond**ent**

Die Endungen der Verben auf *-dre* unterscheiden sich von den regelmäßigen Verben auf *-er* nur im Singular.

Bei einem Verb auf *-dre* muss man aber aufpassen, denn das hat im Plural eine Besonderheit. Es ist das Verb ***prendre***.

je	prends	nous	pre**nons**
tu	prends	vous	pre**nez**
il, elle, on	prend	ils, elles	pre**nnent**

Wie du siehst, entfällt bei *prendre* im Plural das *d* aus dem Wortstamm.

gabe 83 Welches Verb mit der Endung *-dre* kannst du mit den Buchstaben in den Kästchen bilden? Konjugiere es anschließend.

	d **r** **e** n s e e c **d**	p **e** e **d** **r** r	a e n r p p **r** **e** **d**	t a **d** **e** e t **r** n
Infinitiv	*descendre*			
je/j'				
tu				
il/elle/on				
nous				
vous				
ils/elles				

7.5 Verben auf *-re, -ir* und *-oir*

Wie werden die Verben auf *-re, -ir* und *-oir* konjugiert?
Bei den Verben, die auf *-re, -ir* und *-oir* enden, gibt es keine einheitliche Regel. Du musst sie also auswendig lernen.

Verben auf *-re*

	dire	écrire	faire	lire	mettre	être
je/j'	dis	écris	fais	lis	mets	suis
tu	dis	écris	fais	lis	mets	es
il, elle, on	dit	écrit	fait	lit	met	est
nous	disons	écrivons	faisons	lisons	mettons	sommes
vous	dites	écrivez	faites	lisez	mettez	êtes
ils, elles	disent	écrivent	font	lisent	mettent	sont

Aufgabe 84 Verwende das Verb *faire* + *du*, *de la*, *de l'* zusammen mit dem passenden Objekt.

le skate-board, la danse, le roller, la gymnastique, la natation, le vélo, l'escalade (f.), le tennis, le ski, la musique rock, le basket, le foot

a)

Les filles font de la danse.

____

b)

Vous ______________________________

____

c)

Moi, je ______________________________

____

d)

Victor ______________________________

____

e)

Nous, nous ______________________

____

f)

Amandine et Marc ______________________

____

g)

Lisa ______________________

____

h)

Moi, je ______________________

____

i)

Les garçons ______________________

____

j)

Nous, nous ______________________

____

k)

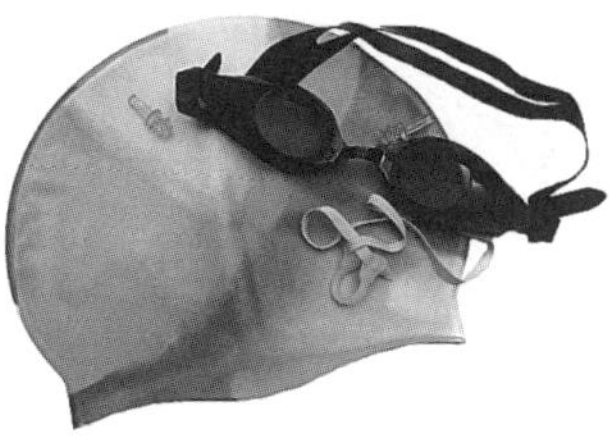

Tu ______________________

____

l)

Denis ______________________

____

Aufgabe 85 Konjugiere. Als Lösungswort erhältst du das „Lieblingsfach" vieler Schüler.

a) ich schreibe j' ______
b) wir setzen/stellen ______
c) ihr schreibt ______
d) sie schreiben ______
e) du setzt/stellst ______
f) ihr macht ______
g) ihr sagt ______
h) sie lesen ______
i) wir sagen ______
j) sie setzen/stellen ______

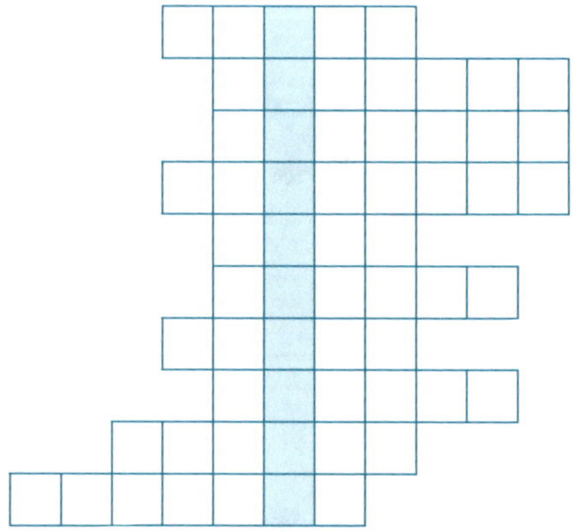

Konjugiere. Die blau unterlegten Felder ergeben das Lösungswort.

a) wir schreiben nous ______
b) du setzt/stellst ______
c) sie lesen ______
d) sie sagt ______
e) ihr sagt ______
f) ihr lest ______
g) sie schreiben ______
h) wir setzen/stellen ______
i) ich bin ______
j) wir sagen ______

Verben auf *-ir*

	dormir	offrir	ouvrir	partir	sortir	venir
je/j'	dors	offre	ouvre	pars	sors	viens
tu	dors	offres	ouvres	pars	sors	viens
il, elle, on	dort	offre	ouvre	part	sort	vient
nous	dormons	offrons	ouvrons	partons	sortons	venons
vous	dormez	offrez	ouvrez	partez	sortez	venez
ils, elles	dorment	offrent	ouvrent	partent	sortent	viennent

gabe 86 Im folgenden Dialog zwischen Mme Berthod und ihren Kindern Anne und Julien musst du folgende Verben einsetzen und konjugieren.
ouvrir (1 ×), *sortir* (3 ×), *venir* (3 ×), *dormir* (2 ×) und *partir* (3 ×)

Mme Berthod ____________ la porte de la chambre des enfants.

MME BERTHOD : Allez, les enfants, vous ____________ du lit maintenant. On ne ____________ pas jusqu' à 10 heures. Dans un quart d'heure vous ____________ en bas pour prendre le petit déjeuner.

ANNE ET JULIEN : Mais pendant les vacances nous ____________ toujours longtemps.

MME BERTHOD : Oui, mais aujourd'hui nous ____________ en vacances. Papa veut ____________ dans deux heures.

ANNE ET JULIEN : C'est génial ! On ____________ tout de suite.

Mme Berthod ____________ de la chambre. Une heure après, les enfants ne ____________ toujours pas.

M. Berthod n'est pas content.

M. BERTHOD : Les enfants, on ____________ en vacances. Maman ____________ déjà le bagage.

Mais les enfants ne répondent pas. Ils sont déjà dans la voiture.

Verben auf *-oir*

	savoir	voir	avoir
je/j'	sais	vois	ai
tu	sais	vois	as
il, elle, on	sait	voit	a
nous	savons	voyons	avons
vous	savez	voyez	avez
ils, elles	savent	voient	ont

Aufgabe 87 Welche Verben kannst du mit den Buchstaben in den Kästchen bilden? Konjugiere sie anschließend.

	r i v o	v a r o i s	r a v i o
Infinitiv	*voir*		
je/j'			
tu			
il/elle/on			
nous			
vous			
ils/elles			

Aufgabe 88 **Gemischte Aufgabe:** Suche die richtige Verbform.

attendre	boire	partir
j' ______________	tu ______________	ils ______________
nous ______________	vous ______________	il ______________

écrire	lire	dire
nous ______________	je ______________	tu ______________
ils ______________	vous ______________	elle ______________
	ils ______________	vous ______________

Aufgabe 89 **Gemischte Aufgabe:** Im folgenden Text fehlen alle s- und t-Laute. Kannst du sie richtig einsetzen?

a) Emma dor___ ___ur le li___.

b) J'écri___ une le___ ___re.

c) M. Guérin: « Nou___ avon___ deux enfan___ ___. »

d) « ___u voi___ l'oi___eau ? »

e) « Vou___ fai___e___ un de___ ___in ? »

f) « Je __ai__ la répon__e ! »
g) Zoé vien__ de Pari__.
h) Le__ Guérin par__en__ en vacance__.
i) Mme Guérin: « Anne e__ Julien, vous ê__e__ dan__ la mai__on ? »
j) « Nou__ __omme__ dan__ le jardin. »
k) Mme Guérin: « Qu'e__ __-ce que vou__ di__e__ ? »
l) Le__ élève__ __or__en__ du collège.
m) « __u vien__ avec moi au cinéma ? »
n) Loui__e li__ une belle hi__ __oire.
o) Jacque__ e__ Chri__ __ian von__ en cla__ __e.

gabe 90 **Gemischte Aufgabe:** Anne erzählt ihren morgendlichen Tagesablauf. Setze die richtige Verbform im *présent* ein.

a) « Je ______________ *(dormir)* jusqu'à 6 heures et demie. »
b) Après, je ________________ *(mettre)* mes pantoufles *(Hausschuhe)* et je ________________ *(aller)* dans la salle de bains.
c) Dans ma chambre j'______________ *(ouvrir)* la fenêtre et je ______________ *(prendre)* mes vêtements.
d) Puis, je ________________ *(faire)* mon lit.
e) Dans la salle à manger je ________________ *(prendre)* le petit déjeuner. Ma mère m' ________________ *(offrir)* du chocolat avec des croissants. Elle ________________ *(mettre)* tout sur la table.
f) Mon père ________________ *(être)* aussi à table. Il ________________ *(lire)* le journal et ________________ *(attendre)* son café.
g) Après le petit déjeuner, je ________________ *(prendre)* mon cartable et je ________________ *(sortir)* pour aller à l'école.
h) A la porte, ma mère me ________________ *(dire)* toujours : « Au revoir et fais attention aux voitures. »
i) C'________________ *(être)* l'horreur !

7.6 Die Hilfsverben *pouvoir* und *vouloir*

Wie werden *pouvoir* und *vouloir* konjugiert?

Die Verben *pouvoir* (‚können') und *vouloir* (‚wollen') heißen Hilfsverben, weil sie sehr häufig in Verbindung mit einem anderen Verb vorkommen. Dieses andere Verb ist wie im Deutschen ein **Infinitiv**.

Beispiel: Nous pouvons jouer.
Vous voulez manger une glace?

Pouvoir und *vouloir* werden unregelmäßig konjugiert:

	pouvoir	**vouloir**
je	peux	veux
tu	peux	veux
il, elle, on	peut	veut
nous	pouvons	voulons
vous	pouvez	voulez
ils, elles	peuvent	veulent

Aufgabe 91 Ergänze den Dialog mit den richtigen Verbformen von *pouvoir* und *vouloir*.

ANNE ET JULIEN : Maman, on ____________ *(pouvoir)* jouer à l'ordinateur ?

MME GUÉRIN : Vous ____________ *(vouloir)* jouer encore ? Vous ____________ *(pouvoir)* travailler un peu pour l'école.

ANNE et JULIEN : Mais nous ____________ *(travailler)* toujours pour l'école.

MME GUÉRIN : Tu ____________ *(vouloir)* dire que tu ____________ *(travailler)* toute la journée pour l'école ?

JULIEN : Je ne comprends pas pourquoi les parents ____________ *(vouloir)* toujours qu'on travaille.

MME GUÉRIN : Ah bon ? Alors, si tu ____________ *(vouloir)*, tu ____________ (pouvoir) demander à papa.

JULIEN : Non, non. Il ____________ *(vouloir)* toujours la même chose que toi : qu'on travaille.

MME GUÉRIN : Donc, arrêtez de discuter. Je dis toujours, quand on ____________ *(vouloir)*, on ____________ *(pouvoir)*.

gabe 92 Bilde Sätze mit den richtigen Formen von *vouloir* bzw. *ne pas pouvoir*.

a)

Vous ____,
mais vous ____.

b)

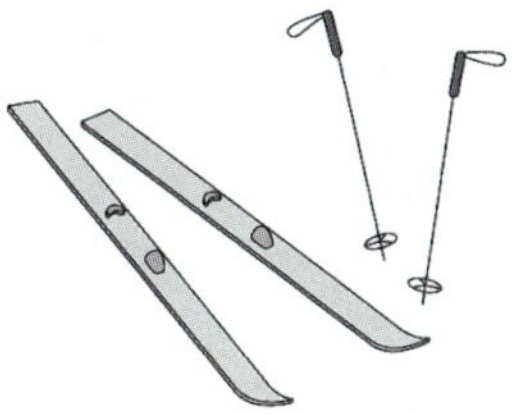

Lisa ____,
mais elle ____.

c)

Tu ____,
mais tu ____.

d)

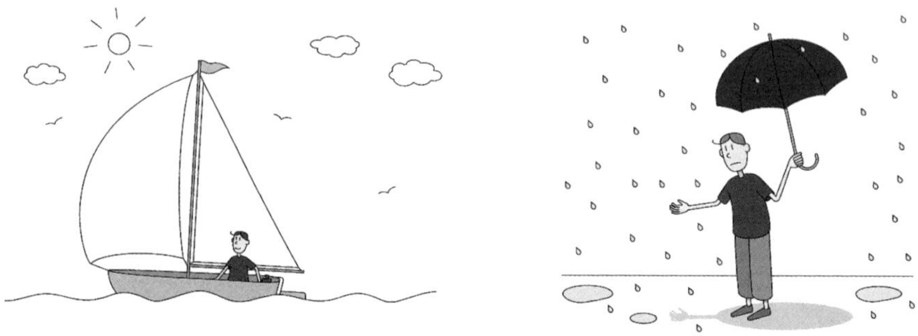

Bruno : «Je ____,
mais je ____.»

e)

Les filles ____,
mais elles ____.

f)

Denis ____,
mais il ____.

8 Der *impératif* (Befehlsform)

An wen kann sich ein Befehl richten?
Bei der Befehlsform musst du zwischen drei verschiedenen Formen unterscheiden, je nachdem, an wen sich der Befehl oder die Aufforderung richtet:

- an eine einzige Person **(2. Person Singular)**: Mange ... *Iss ... !*
- an mehrere Personen **(2. Person Plural)**: Mangez ... *Esst ... !*
  (und Höflichkeitsform) *Essen Sie ...!*
- an eine Gruppe, der du selbst angehörst: Mangeons ... *Essen wir ... !*
  (1. Person Plural)

Übrigens: Das Ausrufezeichen nach einer Aufforderung machst du nur im Deutschen!

8.1 Die 2. Person Singular

Wie werden die Formen für die 2. Person Singular gebildet?

- Bei den **Verben auf *-er*** nimmst du die **3. Person Singular**, um die Befehlsform zu bilden.

  Beispiel: Il <u>va</u> au collège. → <u>Va</u> au collège.

- Bei **den anderen Verben** hat die Befehlsform die gleiche Form wie die **1. Person Singular**.

  Beispiel: Je <u>prends</u> le livre. → <u>Prends</u> le livre.

gabe 93 Bilde die Befehlsform der angegebenen Verben.

Tu veux ...

a) voir un film ? → regarder *Regarde* la télé.
b) acheter du pain ? → aller ________ à la boulangerie.
c) sortir ce soir ? → demander ________ à maman.
d) des informations ? → lire ________ le journal.
e) avoir des bonnes notes ? → corriger ________ tes fautes.
f) écrire une lettre ? → acheter ________ du papier à lettres.
g) manger ? → venir ________ à table.
h) faire une promenade → mettre ________ ta veste.
i) jouer au foot ? → chercher ________ le ballon.
j) être un bon élève ? → faire ________ tes devoirs.
k) faire autre chose ? → arrêter Bon, ________ maintenant.

8.2 Die 1. und 2. Person Plural

Wie werden die die Formen für die 1. und 2. Person Plural gebildet?
Die Befehlsform hat **im Plural** die gleiche Form wie die **1. bzw. die 2. Person Plural**.

Beispiel: Nous jouons un peu. → Jouons un peu.
Vous achetez une glace. → Achetez une glace.

Aufgabe 94 Was sagst du in folgenden Situationen? Verwende die Befehlsform der 1. und 2. Person Plural.

a) Dein(e) Freund(in) ist bei dir zu Hause zu Besuch. Du schlägst vor, Computer zu spielen.
Jouons à / sur l'ordinateur.

b) Deine Brüder kommen unangemeldet ins Zimmer. Du schickst sie hinaus.

c) Sie sollen in ihrem Zimmer bleiben.

d) Es ist noch Zeit bis zum Essen. Da sagst, dass ihr noch eine „Tour“ durch das Viertel machen könnt.

e) Du sagst deiner Mutter Bescheid. Sie sagt, dass ihr auf der Straße aufpassen und in einer halben Stunde nach Hause kommen sollt.

f) Später, beim Abendessen sagt dein Vater, als alle am Tisch sitzen: „Also, essen wir. Guten Appetit.“

g) Nach dem Abendessen verabschiedet sich dein(e) Freund(in). Du sagst deinen Brüdern, dass sie auf Wiedersehen sagen sollen.

h) Du wartest mit ihm/ihr auf den Bus, der jedoch Verspätung hat.
Du schlägst vor, noch ein bisschen zu warten.

____

i) Dein(e) Freund(in) möchte aber lieber, dass ihr seinen/ihren Vater anruft.

____

fgabe 95 **Gemischte Aufgabe:** Was befiehlt der Lehrer dem Jungen/Mädchen oder der ganzen Klasse? Benutze jeweils das Verb in Klammern.

a)

______________________________________ *(ouvrir)*

b)

______________________________________ *(sortir)*

ou : ______________________________________ *(quitter la salle)*

c)

_______________________________________ *(manger à la maison)*

d)

_______________________________________ *(venir au tableau)*

e)

_______________________________________ *(dire bonjour)*

f)

____ *(faire attention)*

g)

____ *(lire les devoirs)*

h)

____ *(essayer encore une fois)*

9 Das *futur composé*

Was ist das *futur composé* und wie wird es gebildet?
Futur composé bedeutet „zusammengesetzte Zukunft“ und heißt so, weil es sich aus einer Form von ***aller*** und dem **Infinitiv** zusammensetzt:

Beispiel:	Heute:	Je travaille pour l'école.
	Morgen:	Je vais partir en vacances.

Das *futur composé* bildest du also wie folgt:

je	**vais**	
tu	**vas**	
il, elle, on	**va**	**+ Infinitiv**
nous	**allons**	(z. B. partir, descendre, faire, …)
vous	**allez**	
ils, elles	**vont**	

Wann wird das *futur composé* verwendet?
Wenn du sagen willst, was in der Zukunft geschehen wird, musst du beim Verb die Formen des *futur composé* verwenden. Im Französischen ist man da genauer und verwendet das Futur auch in Sätzen, wo das Deutsche beim Präsens bleibt.

Beispiel: *Hans: „Was machst du morgen?“*
Jean: « Qu'est-ce que tu vas faire demain? »

Aufgabe 96 Schreibe das folgende Gespräch im *futur composé*.

ADRIEN : Papa, qu'est-ce que tu __________ faire cet après-midi ?

PAPA : Je ____________ aller au stade voir le match Paris St. Germain contre les Girondins de Bordeaux.

ADRIEN : On __________ aller ensemble ?

PAPA : Oui, bien sûr, tu __________ venir avec moi.

ADRIEN : Et Caroline et maman, qu'est-ce qu'elles __________ faire ?

PAPA : Elles __________ rester à la maison.

ADRIEN : Maman, papa et moi, nous __________ sortir un peu.

MAMAN : Qu'est-ce que vous __________ faire ?

PAPA : Oh, on __________ seulement faire une petite promenade.

MAMAN : Ah, c'est une bonne idée. Attendez. Je ________ appeler Caroline. On _____ venir avec vous. Nous ________ passer une belle journée ensemble.

gabe 97 Sage, was die Mädchen und Jungen am Wochenende vorhaben. Benutze das *futur composé*.

a)  Adrien ______________________________

b)  Marise et Caroline ____________________

c)  Moi, je ______________________________

d)  Les filles ____________________________

e)  Thomas ____________________

f)  Les Guérin ____________________

g)  Louise ____________________

Aufgabe 98* Schreibe auf, was du diese Woche alles vorhast.

Lundi	
Mardi	
Mercredi	
Jeudi	
Vendredi	
Samedi	
Dimanche	

abe 99* Ergänze die folgenden Dialoge. Antworte mit „ja" bei ✓, mit „nein" bei ✗. Verwende *aller faire* in der Frage und *vouloir faire* in der Antwort. Versuche in einem zweiten Schritt, bei der Antwort das direkte Objekt durch das entsprechende Objektpronomen zu ersetzen. Achte auch auf die richtige Stellung!

a) MME GUÉRIN : Julien, tu ___vas___ rencontrer tes amis ?
JULIEN : Non, je ne veux pas rencontrer mes amis. ✗
JULIEN : Non, je ne veux pas les rencontrer. (Objektpronomen)

b) MME GUÉRIN : Les enfants, vous ________ faire vos devoirs ?
ANNE ET JULIEN : ________________ ✗
ANNE ET JULIEN : ________________ (Objektpronomen)

c) M. GUÉRIN : Chérie, nous ________ inviter ma mère ?
MME GUÉRIN : ________, je ________________ ✗
MME GUÉRIN : ________, je ________________ (Objektpronomen)

d) ANNE : Julien, tu ________ dormir toute la journée ?
JULIEN : ________________ ✓

e) MME GUÉRIN : Julien, tu ________ embrasser ta grand-mère ?
JULIEN : ________________ ✗
JULIEN : ________________ (Objektpronomen)

f) ANNE : Papa, on ________ partir en vacances ?
M. GUÉRIN : ________, maman et moi, nous ________________ ✗

g) JULIEN : Maman, papa ________ vendre la voiture ?
MME GUÉRIN : ________________ ✓
MME GUÉRIN : ________________ (Objektpronomen)

h) ANNE : Maman, papa ________ parler avec mon prof ?
MME GUÉRIN : ________________ ✓

10 Die Verneinung

Das Französische weist bei der Verneinung im Vergleich zum Deutschen eine Besonderheit auf. Wenn du einen Satz oder ein Wort verneinen willst, brauchst du nämlich im Französischen grundsätzlich **zwei Verneinungswörter**.

10.1 Die Verneinung mit *ne ... pas*

In der Regel erfolgt im Französischen die Verneinung durch ***ne ... pas*** (= ‚nicht'). ***Ne*** steht vor dem Verb, das du konjugierst, und ***pas*** dahinter.

Beispiele: Sophie fait ses devoirs?
Non, elle ne fait pas ses devoirs.
Vous passez les vacances à la maison?
Non, nous ne passons pas nos vacances à la maison.

Aufgabe 100 Bilde verneinte Sätze mit den in Klammern angegebenen Verben.

a)

Les Gayan *ne passent pas les vacances au bord de la mer.*

____________________.

(passer les vacances)

b)

Tu ____________________

____

____________________?

(regarder)

c)

David ______________________________
____
____________________________________.
(prendre)

d)

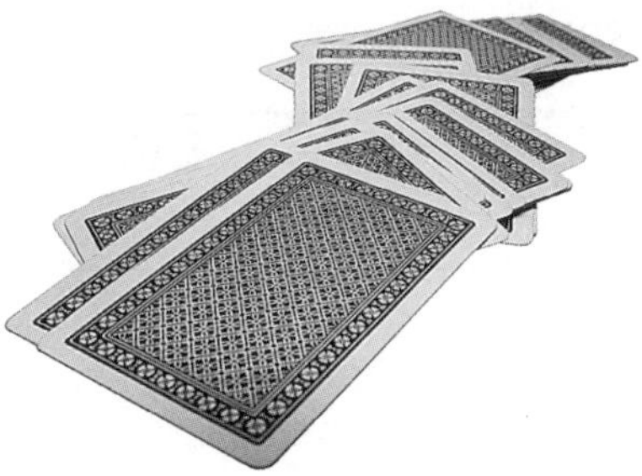

Vous _______________________________
____
____________________________________?
(jouer)

e)

Je _________________________________
____
____________________________________.
(trouver)

f)

Le train ___________________________
____
____________________________________.
(arriver)

Wo steht die Verneinung, wenn ein Infinitiv im Satz vorkommt?
Die Regel, dass *ne … pas* nur das konjugierte Verb umklammert, gilt auch dann, wenn ein Infinitiv im Satz steht.

Beispiele: Tu veux rentrer ?
Non, je ne veux pas rentrer.
Est-ce que vous aimez faire des dessins ?
Non, nous n'aimons pas faire des dessins.

Aufgabe 101 Bilde Sätze mit *ne … pas*.

a) Nathalie vouloir rentrer maintenant
Nathalie ne veut pas rentrer maintenant.

b) Patrick aimer jouer du violon

c) Les animaux savoir parler

d) Tu pouvoir rester tranquille ?

e) Ce travail aller être facile

f) Je vouloir répondre tout de suite

g) Tu savoir jouer du piano ?

h) Beaucoup d'enfants aimer manger des légumes

i) Nous vouloir aller au théâtre

j) Vous pouvoir attendre un peu ?

k) On pouvoir visiter le château aujourd'hui

Wie wird ein Nomen an eine Verneinung angeschlossen?

Nach *ne ... pas* oder einer anderen Art der Verneinung wird das Nomen immer mit ***de*** angeschlossen, wenn die Übersetzung „kein" oder „keine" lautet:

Beispiel: Je ne connais pas de chanteurs français.
Ich kenne keine französischen Sänger.

Ist die Übersetzung aber „nicht", so steht der bestimmte Artikel.

Beispiel: Je ne connais pas les chansons de Jacques Brel.

Ausnahmen: Wenn das Verb des verneinten Satzes eine Form von ***être*** ist, steht derselbe Artikel wie im bejahten Satz.

Beispiele: Ce n'est pas un travail difficile.
Ce ne sont pas des cadeaux.
Ce n'est pas le directeur.

Nach den Verben ***aimer, préférer, détester*** steht immer der bestimmte Artikel.

Beispiele: Vous n'aimez pas les fruits?
Patrick n'aime pas la musique rock.

abe 102 Bilde sieben Sätze aus den zusammen gehörenden Satzteilen.

Ce ne sont pas		le bruit.
Mes enfants ne sont pas		de problèmes.
Est-ce que tu n'aimes pas		une faute.
M. Gayan n'aime pas		des voleurs.
Je ne comprends pas		les propriétaires.
Ce n'est pas		de vin ?
Je ne veux pas		les animaux ?
Est-ce que vous ne buvez pas		la question.

1. ____________________
2. ____________________
3. ____________________
4. ____________________
5. ____________________
6. ____________________
7. ____________________
8. ____________________

Aufgabe 103* **Gemischte Aufgabe:** Beantworte die Fragen des folgenden Fragebogens *(le questionnaire)* mit „Non, …“ oder mit „Oui, …“, je nachdem, ob es auf dich zutrifft oder nicht. Achte darauf, vollständige Sätze zu bilden.

Questionnaire

I Tu aimes les légumes?
Oui, ____________________
Non, ____________________

II Vous avez un chien à la maison?
Oui, ____________________
Non, ____________________

III Tu joues du piano?
Oui, ____________________
Non, ____________________

IV Tu aimes faire tes devoirs?
Oui, ____________________
Non, ____________________

V Tu vas aller au lit à 8 heures ce soir?
Oui, ____________________
Non, ____________________

VI Tu vas à l'école en hélicopter?
Oui, ____________________
Non, ____________________

VII Tu es dans une association sportive?
Oui, ____________________
Non, ____________________

VIII Ton père sait réparer sa voiture?
Oui, ____________________
Non, ____________________

IX Ta mère aime la musique rock?
Oui, ____________________
Non, ____________________

X Tes grands-parents parlent français?
Oui, ____________________
Non, ____________________

10.2 Die Verneinung mit *ne … plus, ne … rien, ne … jamais*

- Außer der Verneinung *ne … pas* (nicht) gibt es noch weitere Arten der Verneinung:

  ne … plus *nicht mehr*
  ne … rien *nichts*
  ne … jamais *nie*

  Beispiele: Ne n'ai plus envie. *Ich habe keine Lust mehr.*
  Elle ne mange rien. *Sie isst nichts.*
  La vie n'est jamais facile. *Das Leben ist nie leicht.*

- Auch *ne … plus, ne … rien* und *ne … jamais* **umklammern** wie *ne… pas* nur das **konjugierte Verb**. Dies gilt auch dann, wenn zusätzlich zum konjugierten Verb noch ein Infinitiv vorhanden ist.

  Beispiel: Je n'aime plus jouer. *Ich mag nicht mehr spielen.*

- Wie bei *ne … pas* steht zwischen der Verneninung *ne … plus, ne … rien* und *ne … jamais* und dem nachfolgenden Nomen ***de* ohne Artikel**.

  Beispiele: Je ne veux plus de légumes. *Ich will kein Gemüse mehr.*
  Il n'y a rien d'intéressant. *Es gibt nichts Interessantes.*
  Ils ne font jamais de publicité. *Sie machen nie Werbung.*

be 104 Adrien und Caroline sind die absoluten Gegensätze. Was der eine macht, macht der andere garantiert nicht.
Fülle die leeren Felder aus, indem du die daneben stehenden Sätze verneinst. Achte genau darauf, die Verneinungspartikel zu finden, die zu dem bejahten Satz passen.

Caroline fait toujours ses devoirs.	*Adrien ne fait jamais ses devoirs.*
Elle aide toujours sa mère.	
Au collège, elle comprend tout.	
	A 11 heures du soir, il est encore dans la rue.
	Souvent il fait encore des bêtises.
	Il dort longtemps.
Elle aime lire.	
Elle mange toujours à table avec ses parents.	
Elle est toujours polie.	
En allemand elle apprend tout par cœur.	
	Il mange toujours des frites.
Elle respecte tout.	
	Ses mains sont toujours sales.
Elle raconte tout à ses parents.	
	C'est un garcon sympa!

ıbe 105 **Gemischte Aufgabe:** Vervollständige den folgenden Dialog mit der in der Klammer angegebenen Verneinung. Wenn kein anderes Verb angegeben ist, verwende jeweils eine Form von *avoir*.

– « Bonjour, Madame. »
– « Bonjour Madame. Qu'est-ce que je peux faire pour vous ? »
– « Je voudrais un kilo de tomates, s'il vous plaît. »
– « Oh, je ______________________________ *(keine Tomaten mehr)*. »
– « Alors, je prends des pommes de terre. »
– « Je ______________________________ *(keine Kartoffeln)*. »
– « Qu'est-ce que vous avez comme légumes ? »
– « Je ______________________________ *(kein Gemüse)*. »
– « Mais vous ______________________________ *(nichts)* ! »
– « Comment rien ? »
– « Vous ______________________________ *(nie)* ce que je veux. »
– « C'est parce que vous ______________________________ *(nie verlangen*)* ce que j'ai. Ecoutez, je ______________________________ *(nicht)* le temps de discuter avec vous. Ce ______________________________ *(ist nicht)* une épicerie ici, vous êtes dans une parfumerie, Madame. »

* verlangen: *(hier:)* demander

… rund um den Satz

11 Die Stellung der Satzglieder im Aussagesatz

Welche Reihenfolge musst du bei der Stellung der Satzglieder beachten?

- Im einfachen Aussagesatz stehen die Satzglieder im Französischen in folgender Reihenfolge:

Beispiel:	David/Il	écrit	une lettre	à Nicole	dans sa chambre.
	Subjekt	***Verb***	***direktes Objekt***	***indirektes Objekt***	***adverbiale Bestimmung***

  Anders als im Deutschen darfst du diese Reihenfolge nicht verändern.

- Ist die adverbiale Bestimmung allerdings eine **Zeitangabe**, so steht diese meistens **am Satzanfang**. Dies gilt vor allem dann, wenn der Satz eine adverbiale Bestimmung des Ortes und der Zeit enthält.

Beispiel:	Maintenant,	David/il	écrit	une lettre	à Nicole	dans sa chambre.
	adverbiale Bestimmung der ***Zeit***	*Subjekt*	*Verb*	*direktes Objekt*	*indirektes Objekt*	*adverbiale Bestimmung des* ***Ortes***

be 106 Bringe die Satzglieder in die richtige Reihenfolge.
Achtung, die Verben stehen im Infinitiv. Vergiss also nicht sie zu konjugieren.

a) rendez-vous avec Daniel cet après-midi avoir Martine

____

sur la place Turenne rencontrer elle à 15 heures son ami

____

b) manger à midi des sucreries Daniel

____

mal il une demi-heure après avoir au ventre

____

c) à l'école ne pas aller les élèves le mercredi après-midi

____

pouvoir rester ils à la maison

____

d) dans sa chambre à l'ordinateur René aimer jouer

____

des jeux   faire   il   sur Internet

____

e) aller   aujourd'hui   chez Luc   Philippe et Marc

____

avec leurs devoirs   ses copains   aider   il

____

Wie ist die Satzstellung, wenn das direkte bzw. indirekte Objekt ein Pronomen ist?
Wenn das Objekt ein Pronomen ist, steht es nicht mehr am Ende des Satzes, sondern vor dem konjugierten Verb.

Beispiel: Tu regarde le film ? – Oui, je le regarde.

Ausnahmen:

- Enthält der Satz eine Verneinung, dann umklammert *ne … pas* das konjugierte Verb und das Pronomen.
  Beispiel: Vous écoutez les nouveaux CD ? – Non, nous ne les écoutons pas.
- Wenn ein Satz jedoch einen Infinitiv enthält, rückt das Pronomen vor den Infinitiv.
  Beispiel: Il veut faire les devoirs ? – Oui, il veut les faire./Non, il ne veut pas les faire.

Aufgabe 107 Setze im folgenden Dialog das angegebene Pronomen in die richtige Lücke.

SÉVERINE et SOPHIE : Tu _nous_ montres ______ les photos de vacances ? *(nous)*

CAROLINE : Vous ______ voulez ______ voir maintenant ? *(les)*

SÉVERINE et SOPHIE : Pourquoi est-ce que tu ______ demandes ______ ? *(nous)*

Tu ne ______ veux pas ______ montrer ? *(les)*

CAROLINE : Si, je ______ veux ______ montrer les photos. *(vous)*

Mais il y a une photo un peu bizarre.

Je ne ______ peux pas ______ montrer. *(la)*

SÉVERINE et SOPHIE : Pourquoi est-ce que tu ne ______ montres ______ pas ? *(la)*

CAROLINE : Je ne ______ ai ______ pas dans l'album. *(l')*

SÉVERINE : Où est-ce que tu ______ as ______ ? *(l')*

CAROLINE : Je ne ______ peux pas ______ dire où elle est. *(te)*

SÉVERINE : Mais nous sommes des copines. Tu ______ peux ______ dire tout. *(me)*

CAROLINE : Eh ben, je ______ porte ______ toujours sur moi. *(la)*

C'est parce que la photo ______ montre ______ avec Cédric. *(me)*

12 Die Fragesätze

Grundsätzlich gibt es zwei Arten von Fragen, die du aber leicht auseinander halten kannst.
- Bei **Entscheidungsfragen** heißt die Antwort immer ‚ja' oder ‚nein'.
- **Ergänzungsfragen** erkennst du daran, dass sie mit einem Fragewort gebildet werden.

12.1 Entscheidungsfragen

Wie werden im Französischen Entscheidungsfragen formuliert?
- Die sogenannte **Intonationsfrage** ist die einfachste Frageform. Sie unterscheidet sich vom Aussagesatz nur durch das Satzzeichen und dadurch, dass du am Ende die Stimme anheben (= die Intonation verändern) musst.

  Beispiel: *Aussagesatz:* Denis joue au foot.
  Intonationsfrage: Denis joue au foot?

  Die Intonationsfrage wird sehr häufig in der **gesprochenen Sprache** verwendet.
- Du kannst eine Entscheidungsfrage aber auch mit *est-ce que* bilden. Dazu brauchst du nur ein ***est-ce que*** vor den Aussagesatz zu stellen und (wie bei der Intonationsfrage) ein Fragezeichen hinzuzufügen:

  Beispiel: est-ce que-*Frage:* Est-ce que Denis joue au foot?

  Die *est-ce que*-Frage kannst du sowohl in der **gesprochenen** als auch in der **geschriebenen Sprache** verwenden.

›e 108 Ordne die folgenden Ausdrücke einem Bild zu und bilde Entscheidungsfragen mit und ohne *est-ce que*.

partir en vacances	jouer aux cartes	avoir peur	faire la cuisine	demander l'heure
faire un rêve	présenter quelqu'un à quelqu'un		prendre une photo	prendre le train

a)

(Les filles)

Les filles jouent aux cartes?
Est-ce que les filles jouent aux cartes?

b) 

(Mme Berthod)

c) 

(il)

d) 

(les Gayan)

e) 

(Caroline, Marie et Cédric)

f)

(tu)

g)

(Julien)

h)

(M. Guérin)

i)

(il)

12.2 Ergänzungsfragen

Wie kannst du Ergänzungsfragen bilden?
Ergänzungsfragen erkennst du an den Fragewörtern.

Beispiele:	Quand	= *Wann …?*
	A quelle heure	= *Um wie viel Uhr …?*
	Comment	= *Wie …?*
	Où	= *Wo …?*
	Pourquoi	= *Warum …?*
	Qui	= *Wer …?*
	Que	= *Was …?*

- In der **gesprochenen Sprache** wird das **Fragewort** häufig **hinten an den Aussagesatz angehängt**. Die Stimme wird dabei angehoben.

Beispiele:	Tu arrives quand?	*Wann kommst du an?*
	Tu fais ça comment?	*Wie machst du das?*
	Tu travailles à quelle heure?	*Um wieviel Uhr arbeitest Du?*

Merke dir außerdem die kurzen Floskeln ***où est … ?*** und ***où sont … ?***

Beispiele:	Où est ta sœur?	*Wo ist deine Schwester?*
	Où sont ses cadeaux?	*Wo sind ihre Geschenke?*

- Sowohl in der **gesprochenen** als auch in der **geschriebenen Sprache** wird die *est-ce que*-Frage verwendet. Dazu stellst du vor den Aussagesatz ein **Fragewort +** ***est-ce que*** und fügst ein Fragezeichen hinzu:

	Fragewort	*est-ce que* bzw. *est-ce qu'*	*Aussagesatz*	
Beispiele:	Quand	est-ce que	Murielle va au collège?	*Wann …?*
	Qu'	est-ce que	tu lis?	*Was …?*
	Pourquoi	est-ce qu'	il ne veut pas jouer?	*Warum …?*

Aufgabe 109 Bilde *est-ce que*-Fragen und überlege dir, was Alexis geantwortet haben könnte.

a) Alexis, tu vas où? Alexis, où est-ce que tu vas? ____________________

____

b) Au stade? Tu y *(dorthin)* vas comment? ____________________

____

c) Ils jouent quand? ____________________

____

d) Tu rentres à quelle heure? ____________________

____

be 110 Caroline fährt an diesem Morgen zu ihrer Austauschpartnerin nach Deutschland. Sie ist sehr aufgeregt und hat noch viele Fragen.

Sie fragt,

a) … um wieviel Uhr der Zug fährt.
A quelle heure est-ce que le train part?

b) … wie sie zum Bahnhof kommt (aller).
Come je alle a la staten

c) … warum Papa noch nicht da ist.

d) … wo ihr Handy ist.

e) … wie sie drei Koffer tragen soll.

f) … wer sie zum Bahnhof begleitet.

g) … ob sie umsteigen muss.

h) … was sie im Zug essen soll.

i) … wann der Zug in Deutschland ankommt.

j) … ob man sich in Deutschland (zur Begrüßung) küsst.

k) … wo die Geschenke für Julia sind.

l) …wer ihre Fahrkarte hat.

Wie werden die Fragewörter *qui* und *que* verwendet?

- Das Fragewort ***qui*** bezieht sich nur auf **Personen**.

  Fragt es nach dem **Subjekt** (‚wer'?), steht es **ohne *est-ce que***.
  Beispiel: Qui veut du chocolat? *Wer will Schokolade?*

  Fragt es nach dem **Objekt** (‚wen'?) steht es **mit *est-ce que***.
  Beispiel: Qui est-ce que tu cherches? *Wen suchst du?*

  Du kannst im Übrigen auch eine Präposition vor *qui* stellen:
  Beispiele: Pour qui est-ce que tu travailles? *Für wen arbeitest du?*
  Avec qui est-ce qu'il joue? *Mit wem spielt er?*

- Das Fragewort ***que*** verwendest du, wenn du nach **Sachen** fragst. In der Regel wird es zusammen mit *est-ce que* verwendet. Bei kurzen Ergänzungsfragen mit *que* kannst du die Frage allerdings auch wie im Deutschen bilden, vorausgesetzt, das Subjekt ist ein Nomen.

  Beispiel: Que fait Nathalie?
  Was macht Nathalie?

Aufgabe 111 Frage nach den unterstrichenen Satzteilen.

a) *Avec qui est-ce que tu fais les devoirs?*
Je fais les devoirs avec ma sœur.

b) ______________________________
Mme Gayan fait le repas pour les enfants.

c) ______________________________
Je regarde la télé.

d) ______________________________
M. Gayan lit les annonces.

e) ______________________________
On joue contre Racing Strasbourg.

f) ______________________________
Caroline téléphone à sa correspondante.

g) ______________________________
Les Berthod font un voyage.

h) ____

Nous buvons de la limonade.

i) ____

Il demande au professeur.

j) ____

Les Gayan font une fête pour les enfants.

k) ____

Philippe discute avec ses parents.

l) ____

Christine fait du sport.

m) ____

Nous voulons des sucreries.

pe 112* **Gemischte Aufgabe:** Im Folgenden kommen sowohl Entscheidungs- als auch Ergänzungsfragen vor. Stelle *est-ce que*-Fragen. Wenn möglich, bilde außerdem Intonationsfragen bzw. Fragen mit nachgestelltem Fragewort.
Marc ist neu in Adriens Klasse. Da Marc neben Adrien sitzt, stellt ihm Adrien viele Fragen. Was wollte er alles wissen?

a) ADRIEN : Comment est-ce que tu t'appelles ?

ADRIEN : Tu t'appelles comment ?

MARC : Je m'appelle Marc.

b) ADRIEN : ________________________________

ADRIEN : ________________________________

MARC : J'habite rue Blaise Pascal.

c) ADRIEN : ________________________________

ADRIEN : ________________________________

MARC : Oui, j'habite dans une grande maison.

d) ADRIEN : ________________________________

ADRIEN : ________________________________

MARC : Oui, j'ai deux sœurs et un frère.

e) ADRIEN : ______________________________

MARC : J'aime le sport et la musique rock.

f) ADRIEN : ______________________________

ADRIEN : ______________________________

MARC : Mon père travaille à l'hôtel de ville.

g) ADRIEN : ______________________________

ADRIEN : ______________________________

MARC : Non, ma mère ne travaille pas.

h) ADRIEN : ______________________________

ADRIEN : ______________________________

MARC : Je prends le bus pour aller au collège.

i) ADRIEN : ______________________________

ADRIEN : ______________________________

MARC : Je prends le bus parce que je n'ai pas de vélo.

j) ADRIEN : ______________________________

ADRIEN : ______________________________

MARC : Oui, si tu veux on peut aller au collège ensemble.

Aufgabe 113* **Gemischte Aufgabe:** Stelle Fragen zu den nummerierten Satzteilen: *Pendant les vacances* (1), *Luc* (2) *habite* (3) *chez ses grands-parents* (4) *parce qu'il aime faire du cheval* (5) *avec son grand-père* (6).

1 Quand est-ce que Luc habite chez ses grands-parents ?

2 ______________________________

3 ______________________________

4 ______________________________

5 ______________________________

6 ______________________________

… rund um die Rechtschreibung

13 Akzente und Cédille

Welche Akzente gibt es im Französischen?
Das Französische kennt drei Akzente:
- accent aigu: **é**
  Den *accent aigu* gibt es nur auf dem Vokal *e*. In der Aussprache ändert sich dadurch Folgendes: e [ə] (ähnlich dem deutschen ö) → é [e] (wie das deutsche *e*)
- accent grave: **è**
  Der *accent grave* kommt auf den Vokalen *a* und *e* vor. Auswirkungen auf die Aussprache hat dieser Akzent nur auf *e*: e [ə] →è [ɛ] (wie das deutsche *ä*)
- accent circonflexe: **ê**
  Der *accent circonflexe* kann auf allen Vokalen stehen. Auswirkungen auf die Aussprache hat er aber nur auf *e*: e [ə] →ê [ɛ] (wie das deutsche *ä*)

Wozu dient die *cédille*?
Wie du weißt, spricht man den Buchstaben *c* im Französischen
- vor einem Konsonanten und den dunklen Vokalen *a, o, u* als [k],
- vor den hellen Vokalen *e* und *i* als [s].

Die *cédille* bewirkt, dass das *c* auch vor den dunklen Vokalen *a, o, u* als [s] gesprochen wird: ça [sa], François [fraswa].

be 114 Welche Wörter verbergen sich hinter der Lautschrift? Vorsicht, jedes Wort hat mindestens einen Akzent oder eine Cédille.

a) [difeʀɑ̃] différent
b) [vwala] ______
c) [kɔlɛʀ] ______
d) [elɛktʀik] ______
e) [deʒa] ______
f) [bɛt] ______
g) [bjɛ̃to] ______
h) [medsɛ̃] ______
i) [elɛv] ______
j) [ɛ̃teʀesɑ̃] ______
k) [frɑ̃sɛ] ______
l) [aʒ] ______
m) [vɛtmɑ̃] ______
n) [kɔmɑ̃sɔ̃] ______

Aufgabe 115 Im folgenden Brief von Caroline an Julia hat Caroline alle Akzente und *cédilles* vergessen. Kannst du ihren Brief verbessern?

Chere Julia,

Comment ca va ? Moi, je vais tres bien parce que, aujourd'hui, c'est mercredi et je ne vais pas a l'ecole. Tu sais, les eleves francais n'ont pas cours *(Unterricht)* le mercredi apres-midi, et voila, j'ai un peu de temps pour ecrire. Mais pas trop parce que apres, a cinq heures, je vais au club de theatre avec ma copine Catherine. Elle habite juste a cote et elle est du meme age que moi.

Aujourd'hui, j'ai un peu peur parce que, dans une scene, je dois embrasser un garcon. En plus, c'est un garcon tres interessant. Je reve de ce garcon depuis longtemps. Son prenom est Cedric et il joue meme de la guitare electrique dans un groupe rock ! C'est genial, tu ne trouves pas ?

Zut, il est deja 4 heures et demie. Je dois partir maintenant. Demain, je vais te raconter tout dans une deuxieme lettre.

Salut et a bientot,

Caroline

P.S. Tu peux me donner ton numero de telephone ?

Anhang

14 Vokabelverzeichnis

à	–	in
accompagner qn	–	jdn. begleiten
accueil (m.)	–	Empfang, Rezeption
acheter qc	–	etw. einkaufen
acteur (m.)	–	Schauspieler
actrice (f.)	–	Schauspielerin
activité (f.)	–	Tätigkeit, Freizeitbeschäftigung
adorer qc	–	etw. sehr mögen
adresse (f.)	–	Adresse
affaire (f.)	–	Sache, Angelegenheit
affiche (f.)	–	Plakat
âge (m.)	–	Alter
aider qn	–	jdm. helfen
aimer	–	lieben
album (m.)	–	Album
allemand, e	–	deutsch
aller	–	gehen, fahren
alors	–	nun, jetzt, dann
ami, e	–	Freund/in
amusant, e	–	amüsant, lustig
an (m.)	–	Jahr
anglais, e	–	englisch
animal (m.); animaux (pl.)	–	Tier; Tiere
année (f.)	–	Jahr, Jahresverlauf
anniversaire (m.)	–	Geburtstag
annonce (f.)	–	Anzeige
août (m.)	–	August
appareil (m.)	–	Apparat
appartement (m.)	–	Wohnung
appeler	–	rufen
s'appeler	–	heißen

apprendre	–	lernen
après	–	nach, danach
après-midi (m.)	–	Nachmittag
arabe	–	arabisch
arbre (m.)	–	Baum
argent (m.)	–	Geld
arrêter	–	aufhören
arrêter qn	–	jdn. anhalten, jdn. festnehmen
arriver	–	(an)kommen
assez (de)	–	genug
association (f.) sportive	–	Sportverein
assiette (f.)	–	Teller
attacher	–	festbinden
attendre qn	–	auf jdn. warten, jdn. erwarten
Attention !	–	Achtung!
attraper	–	fangen, erwischen
auberge de jeunesse (f.)	–	Jugendherberge
aujourd'hui	–	heute
aussi	–	auch
automne (m.)	–	Herbst
un(e) autre	–	ein anderer, ein anderes, eine andere
avec	–	mit
aventure (f.)	–	Abenteuer
avoir	–	haben
avril (m.)	–	April
bagage (m.)	–	Gepäck
banane (f.)	–	Banane
banc (m.)	–	Sitzbank
banlieue (f.)	–	Vorort, Vorstadt
bateau (m.); bateaux (pl.)	–	Schiff; Schiffe
BD (f.)	–	Comicheft(e)
beaucoup	–	viel, sehr
belge	–	belgisch
bête	–	dumm
bêtise (f.)	–	Dummheit
bibliothèque (f.)	–	Bibliothek
bien (adv.)	–	gut
bientôt	–	bald

bijou (m.); bijoux (pl.) – Schmuckstück; Schmuck
billet (m.) – Fahrkarte
bizarre – eigenartig, seltsam
blanc, che – weiß
bleu, e – blau
boire qc – etw. trinken
boisson (f.) – Getränk
bon, bonne (adj.) – gut
Bonjour – Guten Tag, guten Morgen
Bonsoir – Guten Abend
bouger – sich bewegen
boule (f.) – Kugel
bousculer qn – jdn. anrempeln
bouteille (f.) – Flasche
breton, ne – bretonisch
bureau (m.), bureaux (pl.) – Schreibtisch(e), Büro(s)
bus (m.) – Bus

ça – das
cadeau (m.), cadeaux (pl.) – Geschenk; Geschenke
cahier (m.) – Heft
caisse (f.) – Kasse
calendrier (m.) – Kalender
caméra (f.) – (Film-)Kamera
campagne (f.) – Land (im Gegensatz zu Stadt)
car – denn
carte (f.) – Karte
carton (m.) – Karton
casque (m.) – Helm
cassette (f.) – (Musik)Kassette
cathédrale (f.) – Kathedrale
CD (m.) – CD(s)
ce, cet, cette, ces – diese (r), diese
chaise (f.) – Stuhl
chambre (f.) – Schlafzimmer
chance (f.) – Glück, Chance
changer – wechseln
chanson (f.) – Lied
chanteur, euse – Sänger, Sängerin

chanter	–	singen
chaque	–	jeder, jede, jedes
chat (m.)	–	Katze
château (m.), châteaux (pl.)	–	Schloss, Schlösser
chaud, e	–	heiß, warm
chemin (m.)	–	Weg
chemise (f.)	–	Hemd
cher, chère	–	lieb, teuer
chercher	–	suchen
chérie, e	–	Liebling
cheval (m.), chevaux (pl.)	–	Pferd(e)
chez	–	bei
chien (m.)	–	Hund
chocolat (m.)	–	Schokolade
chose (f.)	–	Sache
cinéma (m.)	–	Kino
citron (m.)	–	Zitrone
classe (f.)	–	Klasse
client (m.)	–	Kunde
club (m.)	–	Club
colère (f.)	–	Wut
collège (m.)	–	collège (entspricht der Unter- und Mittelstufe an Gymnasien)
coller	–	kleben
combien (de)	–	wieviel, e
comme	–	als, wie
commencer	–	anfangen
comment	–	wie (auf welche Weise)
compliqué, e	–	schwierig, kompliziert
comprendre	–	verstehen
compter	–	zählen
connaître	–	kennen
content, e	–	zufrieden, glücklich, froh
continuer	–	weitermachen
contraire (m.) (de)	–	Gegenteil (von)
contre	–	gegen
copain (m.)	–	Freund
copine (f.)	–	Freundin
corde (f.)	–	Seil

correct, e	–	richtig, korrekt
correspondant, e	–	Brieffreund, in, Austauschschüler, in
corriger	–	verbessern
à côté (de)	–	neben
couleur (f.)	–	Farbe
coup de téléphone (m.)	–	Telefonanruf
cours (m.)	–	Kurs, Unterricht
courses (f./pl.)	–	Einkäufe
cousin, e	–	Cousin, e
crayon (m.)	–	Bleistift
crier	–	schreien
cuisine (f.)	–	Küche
d'abord	–	zuerst
d'accord	–	einverstanden
dame (f.)	–	Dame
dangereux, euse	–	gefährlich
dans	–	in
danse (f.)	–	Tanz
date (f.)	–	Datum
de	–	von, aus
débuter	–	Anfänger sein
décembre (m.)	–	Dezember
déjà	–	schon
demain	–	morgen
demander qc à qn	–	jdn. etwas fragen, jdn. um etwas bitten, etw. verlangen
demi-heure (f.)	–	halbe Stunde
départ (m.)	–	Abfahrt, Aufbruch
depuis	–	seit
derrière	–	hinter
désirer	–	wünschen
dessin (m.)	–	Zeichnung
dessiner	–	zeichnen
deuxième	–	zweite, r
devant	–	vor (örtlich)
devoir (m.)	–	Hausaufgabe, Pflicht
dialogue (m.)	–	Dialog
Dieu (m.)	–	Gott

différent, e	–	anders
dimanche (m.)	–	Sonntag
dire qc à qn	–	jdm. etwas sagen
directeur (m.), directrice (f.)	–	Direktor, Direktorin
discuter (avec)	–	sich unterhalten (mit), diskutieren (mit)
donner qc à qn	–	jdm. etwas geben
dormir	–	schlafen
douche (f.)	–	Dusche
à droite	–	(nach) rechts
drôle	–	lustig, witzig

eau (f.)	–	Wasser
école (f.)	–	Schule
écouter	–	(zu) hören
écrire	–	schreiben
électrique	–	elektrisch
élève (m./f.)	–	Schüler, in
embrasser	–	küssen
emploi du temps (m.)	–	Stundenplan
emmener	–	mitnehmen
en	–	in, auf, aus, davon
encore	–	(immer) noch, schon wieder
enfant (m.)	–	Kind
enfin	–	endlich
ensemble	–	zusammen
entendre	–	hören
entrée (f.)	–	Eingang
entrer	–	eintreten, hereinkommen
épicerie (f.)	–	Lebensmittelgeschäft
escalade (f.)	–	Klettern
espagnol, e	–	spanisch
et	–	und
étage (m.)	–	Stockwerk
étagère (f.)	–	Regal
été (m.)	–	Sommer
être	–	sein
euro (m.)	–	Euro
européen, ne	–	europäisch
éviter	–	vermeiden

excursion (f.) – Ausflug
exemple (m.) – Beispiel
exercice (m.) – Übung
expliquer qc à qn – jdm. etwas erklären

facile – leicht
faim (f.) – Hunger
faire – machen
famille (f.) – Familie
fantastique – fantastisch
faute (f.) – Fehler
faux, fausse – falsch
femme (f.) – Frau
fête (f.) – Fest, Feier
février (m.) – Februar
fille (f.) – Mädchen, Tochter
film (m.) – Film
fleur (f.) – Blume
une fois – einmal
foot (m.) (fam.) – Fußball(sport)
forêt (f.) – Wald
forme (f.) – Form
fou, folle – verrückt
fraise (f.) – Erdbeere
français, e – französisch
frère (m.) – Bruder
frites (f./pl.) – Pommes frites
fruits (m./pl.) – Obst

garage (m.) – Garage, Werkstatt
garçon (m.) – Junge, Kellner
gare (f.) – Bahnhof
gâteau (m.); gâteaux (pl.) – Kuchen
à gauche – (nach) links
génial, e – genial, toll
gomme (f.) – Radiergummi
grand, e – groß
grand-mère (f.) – Großmutter
grand-père (m.) – Großvater

grands-parents (m./pl.)	–	Großeltern
grave	–	schlimm
grimper	–	klettern
gris, e	–	grau
groupe (m.)	–	Gruppe
guitare (f.)	–	Gitarre
habiter	–	wohnen
haut, e	–	hoch
heure (f.)	–	Stunde
heureux, euse	–	glücklich
histoire (f.)	–	Geschichte
hiver (m.)	–	Winter
homme (m.)	–	Mann, Mensch
horaire (m.)	–	Fahrplan, Stundenplan
hôtel de ville (m.)	–	Rathaus
ici	–	hier
idée (f.)	–	Idee
il y a	–	es gibt
image (f.)	–	Bild
impossible	–	unmöglich
information (f.)	–	Information
intelligent, e	–	intelligent
intéressant, e	–	interessant
Internet (m.)	–	Internet
interprète (m.)	–	Interpret, Übersetzer
interview (f.)	–	Interview
inviter	–	einladen
jambe (f.)	–	Bein
janvier (m.)	–	Januar
jardin (m.)	–	Garten
jaune	–	gelb
jean (m.)	–	(eine) Jeans
jeu (m.)	–	Spiel
jeux vidéo (m./pl.)	–	Videospiele
jeudi (m.)	–	Donnerstag
joli, e	–	hübsch

jouer	–	spielen
jour (m.)	–	Tag
journal (m.); journaux (pl.)	–	Zeitung, Tagebuch; Zeitungen, Tagebücher
journée (f.)	–	Tag, Tagesablauf
juillet (m.)	–	Juli
juin (m.)	–	Juni
jupe (f.)	–	Rock
jusqu'à	–	bis
juste	–	richtig, gerecht
kilomètre (m.)	–	Kilometer
là	–	dort, da
laisser	–	lassen
langue (f.)	–	Sprache
le lendemain	–	am darauffolgenden Tag
lettre (f.)	–	Brief
librairie (f.)	–	Buchhandlung
ligne (f.)	–	Linie
lire	–	lesen
liste (f.)	–	Liste
lit (m.)	–	Bett
livre (m.)	–	Buch
long, longue	–	lang (Maß)
longtemps	–	lang (Zeit)
lundi (m.)	–	Montag
lunettes (f./pl.)	–	Brille
machine (f.)	–	Maschine
madame (f.)	–	Frau, Dame
magasin (m.)	–	Geschäft
mai (m.)	–	Mai
maintenant	–	jetzt
mais	–	aber
maison (f.)	–	Haus
mal (adv.)	–	schlecht
malade	–	krank
maman (f.)	–	Mama
manger	–	essen

manteau (m.), manteaux (pl.)	–	Mantel, Mäntel
marché (m.)	–	Markt
mardi (m.)	–	Dienstag
mari (m.)	–	Ehemann
marron	–	braun
mars (m.)	–	März
mathématiques (m./pl)	–	Mathematik
matin (m.)	–	Morgen
mauvais, e	–	schlecht
médecin (m.)	–	Arzt
le/la même	–	der/die/dasselbe
même	–	sogar
mer (f.)	–	Meer
Merci	–	Danke
mercredi (m.)	–	Mittwoch
messe (f.)	–	Gottesdienst
mère (f.)	–	Mutter
métier (m.)	–	Beruf
métro (m.)	–	U-Bahn, Metro
mettre	–	setzen, stellen, legen
midi (m.)	–	Mittag
mieux	–	besser
minuit (f.)	–	Mitternacht
minute (f.)	–	Minute
moi	–	ich *(betont)*
mois (m.)	–	Monat
monsieur (m.)	–	Herr
montagne (f.)	–	Berg
monter	–	(ein)steigen, hinaufgehen
mot (m.)	–	Wort
mur (m.)	–	Mauer
musicien, ne	–	Musiker, in
musique (f.)	–	Musik

né, e	–	geboren
natation (f.)	–	Schwimmen
nature (f.)	–	Natur
Noël (m.)	–	Weihnachten
noir, e	–	schwarz

nom (m.) – Name, Nomen
nombre (m.) – Zahl
non – nein
note (f.) – Note
nouveau, nouvel, nouvelle – neu, e, es
novembre (m.) – November
numéro de téléphone (m.) – Telefonnummer

octobre (m.) – Oktober
s'occuper de – sich beschäftigen mit
œuf (m.) – Ei
offrir – anbieten
oiseau (m.); oiseaux (pl.) – Vogel; Vögel
oncle (m.) – Onkel
orange (f.) – Orange
ordinateur (m.) – Computer
ordre (m.) – Ordnung, Reihenfolge
organiser – organisieren
ou – oder
où – wo
oublier – vergessen
oui – ja
ouvrir – öffnen
ouvert, e – geöffnet

page (f.) – Seite
pantalon (m.) – Hose
papa (m.) – Papa
papeterie (f.) – Schreibwarengeschäft
papier (m.) – Papier
paradis (m.) – Paradies
parce que – weil
Pardon – Entschuldigung
parents (m./pl.) – Eltern
parfumerie (f.) – Parfümerie
parler à qn – mit jdm. sprechen
partie (f.) – Teil, Spielrunde
partir – weggehen, abfahren, aufbrechen

passer	–	vorbeigehen, vorbeikommen, verbringen, (herüber)reichen
pauvre	–	arm
payer	–	bezahlen
pendant	–	während
père (m.)	–	Vater
perroquet (m.)	–	Papagei
petit, e	–	klein
petit déjeuner (m.)	–	Frühstück
peu	–	wenig
peu de	–	wenige
peur (f.)	–	Angst
peut-être	–	vielleicht
photo (f.)	–	Foto
phrase (f.)	–	Satz
piano (m.)	–	Klavier
pièce (f.)	–	Zimmer
pique-nique (m.)	–	Picknick
piscine (f.)	–	Schwimmbad
place (f.)	–	Platz
plage (f.)	–	Strand
plan (m.)	–	Plan
pleuvoir	–	regnen
pluie (f.)	–	Regen
plus (de)	–	mehr
poire (f.)	–	Birne
poisson (m.)	–	Fisch
poli, e	–	höflich
police (f.)	–	Polizei
policier (m.)	–	Polizist
pomme (f.)	–	Apfel
portable (m.)	–	Handy
porte (f.)	–	Tür
poser	–	setzen, stellen, legen
possible	–	möglich
poubelle (f.)	–	Mülleimer
poule (f.)	–	Huhn
pour	–	für, wegen, um ... zu
pourquoi	–	warum

pouvoir	–	können, dürfen
le premier (m.)	–	der erste
la première (f.)	–	die erste
prendre	–	nehmen
prénom (m.)	–	Vorname
préparer	–	vorbereiten
près de	–	nahe bei
printemps (m.)	–	Frühling
problème (m.)	–	Problem
prochain, e	–	nächste, r
professeur (m./f.)	–	Lehrer, in
projet (m.)	–	Projekt, Plan
promenade (f.)	–	Spaziergang
propre	–	sauber
propriétaire (m./f.)	–	Eigentümer, in
prune (f.)	–	Pflaume
publicité (f.)	–	Werbung
puis	–	dann
pullover (m.)	–	Pullover
quand	–	wann, wenn
quartier (m.)	–	Stadtviertel
que	–	*(Relativpronomen:)* der, die das
que	–	*(Konjunktion:)* dass
que	–	*(Fragepronomen:)* was
quel, quelle, quelles	–	welcher, welche
quelque chose	–	etwas
question (f.)	–	Frage
qui	–	*(Relativpronomen:)* der, die, das
qui	–	*(Fragepronomen:)* wer
quitter	–	verlassen
quoi	–	*(Fragepronomen:)* was
raconter	–	erzählen
radio (f.)	–	Radio
raisin (m.)	–	Traube
ramasser	–	aufheben, einsammeln
ranger	–	aufräumen
récréation (f.)	–	Pause

regarder	–	schauen, ansehen
règle (f.)	–	Regel
rencontre (f.)	–	Begegnung, Treffen
rencontrer	–	begegnen, treffen
rendez-vous (m.)	–	Verabredung, Termin
réparer	–	reparieren
repas (m.)	–	Essen, Mahlzeit
répéter	–	wiederholen
répondre à qn	–	jdm. antworten
réponse (f.)	–	Antwort
respecter qc	–	etw. achten, respektieren
restaurant (m.)	–	Restaurant
rester	–	(übrig) bleiben
retour (m.)	–	Rückkehr
rêve (m.)	–	Traum
rêver de	–	träumen von
revoir	–	wiedersehen
robe (f.)	–	Kleid
rôle (m.)	–	Rolle
rollers (m./pl.)	–	Inlineskates
rose (f.)	–	Rose
rouge	–	rot
route (f.)	–	Straße, Strecke
rue (f.)	–	Straße (in der Stadt)
sac (m.)	–	Tasche
salade (f.)	–	Salat
sale	–	schmutzig
salle (f.)	–	Saal, Raum
salle de bains (f.)	–	Badezimmer
salle de classe (f.)	–	Klassenzimmer
salle à manger (f.)	–	Esszimmer
Salut !	–	Hallo, Tschüss!
samedi (m.)	–	Samstag
sans	–	ohne
savoir	–	wissen, können
scène (f.)	–	Szene
semaine (f.)	–	Woche
septembre (m.)	–	September

si	–	doch, ob, falls
signature (f.)	–	Unterschrift
silence (m.)	–	Ruhe, Stille
situation (f.)	–	Situation
skateboard (m.)	–	Skateboard
sœur (f.)	–	Schwester
soir (m.)	–	Abend
soleil (m.)	–	Sonne
solution (f.)	–	Lösung
sonner	–	klingeln, läuten
sortir	–	(hin)ausgehen
souris (f.)	–	Maus
sous	–	unter
souvenir (m.)	–	Andenken
souvent	–	oft
sport (m.)	–	Sport
sportif, ve	–	Sportler, in; sportlich
stade (m.)	–	Stadion, Sportplatz
star (f.)	–	Star
station (f.)	–	Station, Haltestelle
studio (m.)	–	Studio
stylo (m.)	–	Füller
sucreries (f./pl.)	–	Süßigkeiten
suite (f.)	–	Fortsetzung
super	–	super, toll
sur	–	auf, über
surtout	–	vor allem
sympa (fam.)	–	nett
table (f.)	–	Tisch
tableau (m.)	–	Tafel, Tabelle
tant de	–	soviel, e
tante (f.)	–	Tante
taxi (m.)	–	Taxi
téléphone (m.)	–	Telefon
téléphoner	–	telefonieren, anrufen
télévision (f.)	–	Fernsehen
temps (m.)	–	Wetter, Zeit
tennis (m.)	–	Tennis

terminer	–	beenden
texte (m.)	–	Text
théâtre (m.)	–	Theater
ticket (m.)	–	Fahrschein
titre (m.)	–	Titel
toi	–	du *(betont)*
toit (m.)	–	Dach
tomber	–	fallen
toujours	–	immer
tôt	–	früh
tour (f.)	–	Turm
tour (m.)	–	Rundfahrt
touriste	–	Tourist, in
tourner	–	drehen, abbiegen
tout	–	alles, ganz
traduction (f.)	–	Übersetzung
train (m.)	–	Zug
travail (m.), travaux (pl.)	–	Arbeit(en)
travailler	–	arbeiten
traverser	–	überqueren
très	–	sehr
trop	–	zu viel
trop de	–	zu viele
trouver	–	finden
T-shirt (m.)	–	T-Shirt

vacances (f./pl.)	–	Ferien
vache (f.)	–	Kuh
vélo (m.)	–	Fahrrad
vendeur, euse	–	Verkäufer, in
vendredi (m.)	–	Freitag
vendre	–	verkaufen
venir	–	kommen
vent (m.)	–	Wind
ventre (m.)	–	Bauch
verbe (m.)	–	Verb
verre (m.)	–	Glas
vert, e	–	grün
veste (f.)	–	Jacke

vêtement (m.)	–	Kleidungsstück
viande (f.)	–	Fleisch
vide	–	leer
vidéo (f.)	–	Video
vie (f.)	–	Leben
village (m.)	–	Dorf
ville (f.)	–	Stadt
vin (m.)	–	Wein
visite (f.)	–	Besuch, Besichtigung
visiter	–	besichtigen
vite	–	schnell
vocabulaire (m.)	–	Wortschatz
voici	–	hier ist
voilà	–	da ist, so, na also
voir	–	sehen
voisin, e	–	Nachbar, in
voiture (f.)	–	Auto
voler	–	stehlen
voleur (m.)	–	Dieb
vouloir	–	wollen
voyage (m.)	–	Reise
vrai, e	–	wahr, echt
vraiment (adv.)	–	wirklich
wagon (m.)	–	Eisenbahnwagen
W.-C. (m./pl.)	–	Toilette, WC
week-end (m.)	–	Wochenende

15 Feststehende Ausdrücke

à	« C'est à moi. » – „Ich bin an der Reihe."
	« C'est à qui ? » – „Wer ist an der Reihe?"
	à 2 heures – um 2 Uhr
	à deux – zu zweit
	à propos – übrigens
aller	« Comment vas-tu ? » – „Wie geht es Dir?"
	« Comment allez-vous ? » – „Wie geht es Ihnen?"
	aller chez qn – zu jdm. gehen
	« Ça va ? » – „Wie geht's?"
	« On y va ! » – Auf geht's!
avoir	avoir 12 ans – 12 Jahre alt sein
	avoir envie de faire qc – Lust haben etw. zu tun
	avoir rendez-vous avec qn – eine Verabredung mit jdm. haben;
	avoir peur de faire qc. – Angst haben etw. zu tun
	avoir besoin de faire qc. – etw. tun müssen
alors	« Ça alors ! » – „Na sowas!"
	« Et alors ? » – „Na und?"
anniversaire (m.)	« Bon anniversaire ! » – „Alles Gute zum Geburtstag!"
appeler	« Tu t'appelles comment ? » – „Wie heißt Du?"
apprendre	apprendre par cœur – auswendig lernen
attention (f.)	faire attention – aufpassen
autre chose	etw. anderes
beaucoup	beaucoup de monde – viele Leute
bien	« Ça va bien. » – „Es geht (mir) gut."
	bien sûr – natürlich, klar
chance	« Quelle chance ! » – „Was für ein Glück!"
changer	changer de train – umsteigen
classe	en classe – in der Klasse; avoir classe – Unterricht haben
cours	avoir cours – Unterricht haben
connaissane (f.)	faire la connaissance de qn – jdn. kennenlernen
d'abord	zuerst
d'accord	einverstanden
demander	demander qc à qn – jdn. etwas fragen, jdn. um etwas bitten

dire	dire qc. à qn – jdm. etwas sagen
donner	donner qc. à qn – jdm. etwas geben
à droite	(nach) rechts
en	en français – auf französisch
	en sport – im Sport
	en plus – außerdem
	en roller – auf Inlineskates
	en voiture – mit dem Auto
	en hiver – im Winter
	en ville – in der Stadt
	en vacances – in den Ferien
	en bas – unten
	en haut – oben
expliquer	expliquer qc à qn – jdm. etwas erklären
faire	faire la cuisine – kochen
	faire du sport – Sport treiben
	faire la bise à qn – jdn. mit Wangenkuss begrüßen
	il fait chaud – es ist warm/heiß
à gauche	(nach) links
grave	« Ce n'est pas grave. » – „Das ist nicht schlimm."
heure (f.)	avoir l'heure – wissen, wie spät es ist
horreur (f.)	« C'est l'horreur. » – „Es ist grässlich/schrecklich.";
	« Quelle horreur ! » – „Wie schrecklich!"
jouer	jouer au foot – Fußball spielen
	jouer aux cartes – Karten spielen
	jouer du piano – Klavier spielen
jour	un jour – eines Tages
kilomètre (m.)	à 2 kilomètres de – zwei Kilometer entfernt von
mal (m.)	(ce n'est) pas mal – (das ist) nicht schlecht
	avoir mal – Schmerzen haben
monsieur	Monsieur le directeur – Herr Direktor

non	moi non – ich nicht moi non plus – ich auch nicht
par	par jour – pro Tag
partir	partir en vacances – in die Ferien fahren
passer	passer ses vacances – seine Ferien verbringen
peur (f.)	avoir peur de – Angst haben vor
photo (f.)	prendre qc/qn en photo – von etwas/jdm. ein Foto machen
pour	pour faire qc. – um etwas zu tun
problème (m.)	pas de problème – kein Problem
professeur (m./f.)	une professeur d'anglais – eine Englischlehrerin
rêve (m.)	faire un rêve – träumen
rien	de rien – keine Ursache
rue (f.)	dans la rue – auf der Straße
sans	sans arrêt – unaufhörlich
si	s'il te plaît – bitte *(Du-Form)* s'il vous plaît – bitte *(Sie-Form)*
sur	sur Internet – im Internet
télé (f.)	à la télé – im Fernsehen
taper dans le ballon	gegen den Ball treten
temps (m.)	tout le temps – ständig, die ganze Zeit
tour (m.)	« C'est mon tour. » – „Ich bin dran/an der Reihe."
tout	tout à coup – plötzlich tout de suite – sofort tout droit – geradeaus tout le monde – alle tout le temps – die ganze Zeit
vivre	« Vive le roi ! » – „Es lebe der König!"
voilà	le/la/les voilà – Da ist er/sie. Da sind sie. « Voilà pour aujourd'hui. » – „Das wär's für heute."

16 Abkürzungen

adj.	= adjectif	Adjektiv
adv.	= adverbe	Adverb
f.	= féminin	weiblich
fam.	= familier, ière	umgangssprachlich
m.	= masculin	männlich
pl.	= pluriel	Plural
qc	= quelque chose	etwas
qn	= quelqu'un	jemand(en)

Lösungen

… rund ums Nomen

gabe 1

une ville	**une** école	**une** salle	**un** professeur[1]
un arbre	**une** cour	**une** maison	**un** collège
un ordinateur	**un/une** élève	**un** village	

Hinweis:

1 Das französische Substantiv *professeur* ist immer maskulin (eine Lehrerin = *un professeur*). Verwendest du allerdings die Abkürzung *prof*, dann richtet sich der Artikel nach dem natürlichen Geschlecht (ein Lehrer = *un prof*, eine Lehrerin = *une prof*).

gabe 2

1	**un** lit	2	**un** poster
3	**une** étagère	4	**un** journal
5	**une** table	6	**une** guitare
7	**une** chaise	8	**un** casque
9	**un** ordinateur	10	**une** voiture
11	**un** pantalon	12	**une** bouteille
13	**une** chemise	14	**un** cadeau
15	**un** portable	16	**un** cahier
17	**une** poubelle	18	**un** chat

gabe 3

1	**un** lit	2	**un** exemple
3	**un** âge	4	**une** chanson
5	**une** vie	6	**un** exercice
7	**une** adresse	8	**une** campagne
9	**une** cour	10	**un** tableau
11	**une** pièce	12	**un** matin
13	**un** train	14	**un** dialogue
15	**une** semaine	16	**un** problème
17	**un** jeu	18	**un** marché
19	**un** cinéma	20	**un** message

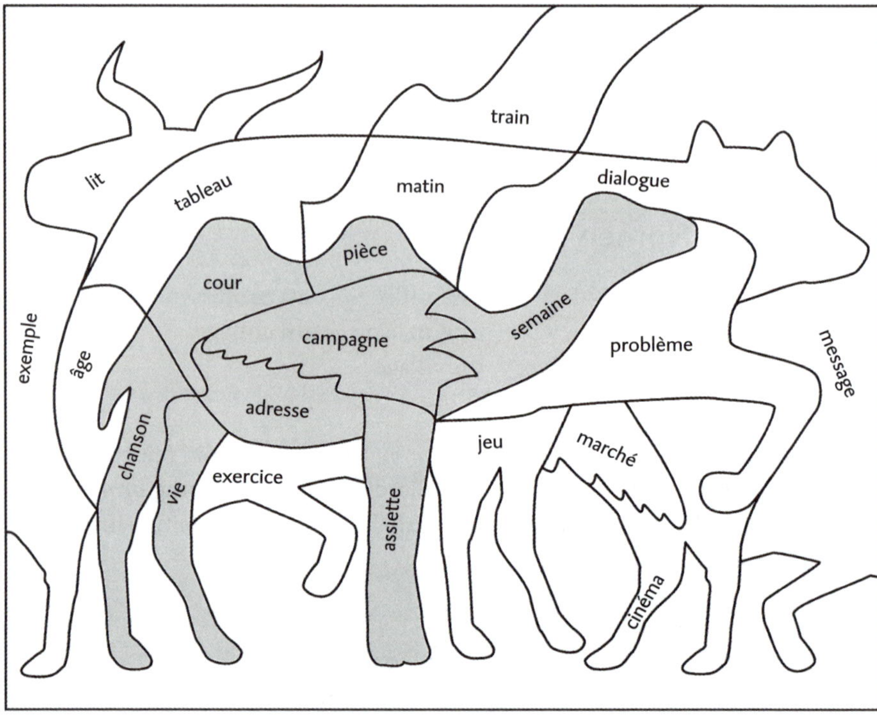

Aufgabe 4

1	**une**					M	A	I	S	O	N
2	**une**						P	O	R	T	E
3	**une**						P	L	A	G	E
4	**un**				C	H	A	T			
5	**un**				M	U	R				
6	**un**				G	Â	T	E	A	U	
7	**un**			O	I	S	E	A	U		
8	**un**			C	H	E	M	I	N		
9	**un**			S	O	L	E	I	L		
10	**une**	C	U	I	S	I	N	E			
11	**une**						T	O	U	R	

fgabe 5

un
j e u
j e a n
a r b r e
o i s e a u

une
r u e
m a i n
p h o t o
c h a i s e

des
d é s
m o t s
v é l o s
l a p i n s

fgabe 6

1 **un** café
2 **une** papeterie
3 **une** épicerie
4 **des** immeubles
5 **un** office de tourisme
6 **des** voitures
7 **un** restaurant
8 **des** chiens
9 **des** boulangeries
10 **des** vélos
11 **des** enfants
12 **des** chats

fgabe 7

1 **un** lit
2 **des** livres
3 **des** étagères
4 **des** journaux
5 **une** table
6 **une** guitare
7 **des** chaises
8 **un** casque
9 **un** ordinateur
10 **des** voitures
11 **des** pantalons
12 **des** bouteilles
13 **des** chemises
14 **un** cadeau
15 **un** poster
16 **des** cahiers
17 **une** poubelle
18 **un** chat

fgabe 8

a) Substantive auf *-ment* sind **maskulin** :
l'appartement, **le** gouvernement, **le** moment, **le** vêtement

b) Substantive auf *-age* sind **maskulin** :
le fromage, **le** message, **le** bricolage, **le** garage
(Ausnahmen : **l'**image, **la** page, **la** plage)

c) Substantive auf *-té* sind **feminin** :
l'activité, **l'**égalité, **la** pauvreté

d) Substantive auf *-eau* sind **maskulin** :
le gâteau, **le** cadeau, **le** tableau, **le** bureau
Ausnahme : **l'**eau

e) Substantive auf *-tion* sind **feminin** :
la solution, **la** natation, **l'**invitation, **la** population

Aufgabe 9

a) Séverine arrive avec des copines et des copains dans **la** cour de **l'**immeuble où habitent Adrien et Caroline.
b) Antoine, **l'**ami d'Adrien apporte **un** ballon, et Vincent, **le** copain d'Antoine, apporte **un** skate.
c) Caroline, **la** sœur d'Adrien, est aussi dans **la** cour.
d) Elle parle avec Nadine, **une** copine de Séverine.
e) Elle montre **une** photo de Régine.
f) Régine arrive avec **un** skate. C'est **le** skate de Vincent.
g) Elle demande : « Qu'est-ce qu'il y a sur **la** photo ? »
h) « Oh, rien », dit Caroline et cache **la** photo.

Aufgabe 10

a) **Les** amis sont encore dans **la** cour.
b) **Les** filles regardent **les** images dans une BD. C'est **la** BD de Nadine.
c) **Les** garçons jouent au foot avec **le** ballon d'Antoine. Ils jouent devant **l'**épicerie de M. Jacquiers, **le / un** voisin de Caroline et Adrien.
e) Il a **un** stand avec **des** fruits et **des** légumes.
f) Devant **le** stand, **des** femmes regardent **les** légumes de M. Jacquiers.
g) Adrien tape dans **le** ballon.
h) **Le** ballon rentre dans **le** stand avec **les** fruits.
i) **Le** stand tombe et **les** fruits sont par terre !
j) **Les** garçons quittent **la** cour très vite.

Aufgabe 11

a)	C'est **une** voiture.	C'est **la** voiture de **M.** Gayan[1].
b)	C'est **un** oiseau.	C'est **l'**oiseau d'Amandine.
c)	Ce sont **des** chiens.	Ce sont **les** chiens de David.
d)	C'est **un** ordinateur.	C'est **l'**ordinateur de Théo.
e)	Ce sont **des cadeaux**.	Ce sont **les cadeaux**[2] des Gayan[3].
f)	Ce sont **des** pantalons.	Ce sont **les** pantalons d'Adrien.
g)	C'est **une** assiette.	C'est **l'**assiette de Manon.

Hinweise:

1 Die Abkürzung von Monsieur (M.) wird mit Punkt geschrieben, die Abkürzungen von Madame (Mme) und Mademoiselle (Mlle) hingegen nicht.

2 Der Plural der Substantive auf *-eau* lautet *-eaux* (z. B. auch *un oiseau → des oiseaux, un gâteau → des gâteaux*)

3 An Familiennamen wird im Französischen nie ein *-s* angehängt.

abe 12 a) « Caroline, tu aimes **la viande** ? »
« Non, je préfère **les spaghettis.** »
b) « Tu aimes **les spaghettis dans une sauce tomate** ? »
« Oui, j'aime **la sauce tomate.** »
c) « Tu aimes **la salade** avec les spaghettis ? »
« Non, je déteste **la salade.** »
d) « Tu préfères **l'eau** ou **le coca** ? »
« Je préfère **le coca**, Madame. »
e) « Et comme dessert, tu aimes **le chocolat** ? »
« Non, je préfère **les fruits** . »
f) « D'accord, Caroline. Et après le repas ? Ou joue aux cartes ou on regarde la télé ? Tu préfères **les cartes** ou **la télé** ? »
« Je déteste **la télé**. Je préfère **les cartes.** »

abe 13 a) **au** collège
b) **à la** page
c) **aux** amis
d) **au** tableau
e) **au** professeur
f) **à l'**étage
g) **au** client
h) **aux** voisines

abe 14 a) **de la** gare
b) **des** animaux
c) **de l'**idée
d) **du** chien
e) **du** groupe
f) **des** courses

abe 15 a) Caroline fait un dessin **du** chien **d'**Isabelle.
b) M. Gayan regarde **des** photos **de l'**Hôtel du Lac.
c) Les filles font **du** roller[1] dans la cour **du** collège.
d) Adrien et Caroline parlent **des** cadeaux **de la** grand-mère.
e) Mme Gayan rentre avec **des** légumes et **des** fruits **du** marché.
f) Adrien fait **de la** musique rock dans la chambre **de** Caroline.

Hinweis:

1 Möchtest du eine sportliche oder musische Betätigung ausdrücken, kannst du häufig *faire* + *de* + Artikel + Substantiv verwenden (z. B. auch *faire de l'escalade*, *faire de la gymnastique*, *faire de la guitare*).

Aufgabe 16*

a) M. Gayan achète **de la confiture** ?
Non, il achète **du miel**.

b) Adrien va **à la pharmacie** ?
Non, il va **à l'hôpital**.

c) Adrien joue[1] **de la guitare** ?
Non, il joue **du violon**.

d) Caroline fait une photo **de l'oiseau** ?
Non, elle fait une photo **du chat**.

e) Les garçons font **du roller** ?
Non, ils jouent[1] **au foot**.

Hinweis:

1 Das Verb *jouer* wird mit *de* verbunden, wenn es um Musik geht (z. B. *jouer de la guitare*); handelt es sich um Sport oder Spiele, musst du *jouer* mit *à* verbinden (z. B. *jouer au foot, jouer aux cartes*).

Aufgabe 17*

		juste	faux
a)	Adrien rentre de l'école à 13 heures. *Adrien rentre de l'école à midi.*	☐	☒
b)	La mère pose des questions à Adrien.	☒	☐
c)	Adrien ne répond pas aux questions de ses parents. *Il ne répond pas aux questions de sa mère.*	☐	☒
d)	Adrien boit de l'eau minérale. *Il boit du coca.*	☐	☒
e)	Sa mère veut parler au professeur. *Elle veut parler au médecin.*	☐	☒
f)	Adrien veut aller à la piscine. *Il veut aller au stade.*	☐	☒
g)	Adrien n'a pas envie d'aller à l'école.	☒	☐
h)	Jacquelin va au théâtre avec Michel. *Ils vont au cinéma*	☐	☒
i)	Le lendemain, Adrien veut parler à Jacqueline. *Il ne veut plus rencontrer Jacqueline.*	☐	☒

abe 18* ADRIEN : « Viens vite Alexander, on n'a pas beaucoup **de** temps. »
ALEXANDER : « Combien **d'**heures est-ce qu'on va faire les courses ? »
ADRIEN : « Je ne sais pas. Attends, je regarde sur la liste. Chez l'épicier on va acheter **un paquet de spaghettis**, **deux tablettes de chocolat**, **quatre bouteilles d'eau**, **un sac de pommes de terre**, **un carton d'œufs** et **deux boîtes de tomates**. »
ALEXANDER : « C'est tout ? »
ADRIEN : « Non, après on va chez le marchand de fruits. »
ALEXANDER : « Tu achètes beaucoup **de** fruits ? »
ADRIEN : « Non, seulement **un kilo de bananes**, **deux kilos de pommes** et **deux cartons de fraises**. »

gabe 19

a) ADRIEN : Est-ce que tu as un chien ?
ALEXANDER : Non, **je n'ai pas de chien**.

b) ADRIEN : Tu n'aimes pas les chiens ?
ALEXANDER : Non, **je n'aime pas les chiens**.

c) ADRIEN : Est-ce que tu aimes la musique pop ?
ALEXANDER : Non, je préfère **la** musique classique.

d) ADRIEN : Est-ce que tu joues un instrument ?
Alexander : Non, **je ne joue pas d'instrument**.

e) ADRIEN : Tu connais des chanteurs français ?
ALEXANDER : Non, **je ne connais pas de chanteurs français**, je préfère **les** chanteurs américains.

f) ADRIEN : Tu es un bon élève ?
ALEXANDER : Non, **je ne suis pas un bon élève**.

g) ADRIEN : A l'école, tu aimes le sport ?
ALEXANDER : Non, je préfère **les** maths.

h) ADRIEN : Tu as des amis ?
ALEXANDER : Non, **je n'ai pas d'amis**.
ADRIEN : Ça ne m'étonne pas.

gabe 20 « Nous avons trois heures **d'**allemand, quatre heures **de** français et quatre heures **de** maths, mais on a seulement une heure **de** musique et deux heures **de** sport. C'est bête. Je pense aussi qu'on n'a pas assez **de** musique et trop **de** maths. Je n'aime pas **les** maths. Je préfère **la** musique et **le** sport. »

Aufgabe 21* Individuelle Lösung

J'ai quatre heures de maths, d'allemand, de français et d'anglais. J'ai deux heures d'histoire et de géographie. J'ai trois heures d'éducation physique. Je n'aime pas/je déteste les maths, mais j'aime les langues (allemand, français, anglais). Je préfère l'éducation physique.

Aufgabe 22* Adrien est chez sa grand-mère.

GRAND-MÈRE : Adrien, tu veux **des** bonbons ?
ADRIEN : Non, merci, je n'aime pas **les** bonbons.
GRAND-MÈRE : Tu préfères **le** chocolat ? J'ai beaucoup **de** chocolat.
ADRIEN : Merci, mais maintenant je ne veux pas **de** chocolat.
GRAND-MÈRE : Et **des** fruits ? J'ai assez **de** fruits.
ADRIEN : Oui, je sais. Mais, pour le moment, je ne veux pas **de** fruits.
GRAND-MÈRE : Mais Adrien, qu'est-ce que tu as ? Tu es malade ? Je sais que tu aimes **les** fruits.
ADRIEN : Oui. Mais écoute, grand-mère. Après le sport, je ne veux pas manger. Tu n'as pas une bouteille **d'**eau ?

Aufgabe 23* Individuelle Lösung

Aliments : J'aime bien la glace, mais je préfère le chocolat. Mais je déteste les tartes aux fraises.
Animaux : Je n'aime pas les chiens. J'ai peur des chiens. Je préfère les poissons. Ils sont calmes et jolis.
Sports : J'aime bien regarder le tennis. Mais je préfère jouer au handball. Je déteste la danse.
Couleurs : Je préfère les couleurs vivantes. J'aime par exemple le jaune et le rouge. Je n'aime pas le noir et le blanc. Ce ne sont pas des couleurs.

Aufgabe 24
a) C'est un **livre intéressant**.
b) C'est un **grand immeuble**.
c) Adrien fait un **joli dessin**.
d) Antoine n'est pas un **garçon sportif**.
e) Régine a un **petit oiseau**.
f) C'est un **manteau noir**.
g) Caroline veut un **autre cadeau**.

gabe 25

a) Stéphane trouve un **nouveau** copain.
b) Adrien ne veut pas porter le jean de Caroline. Il veut un jean **nouveau**.
c) Je ne joue pas avec ce vieux ballon. Je veux un ballon **nouveau**.
d) « Je ne connais pas cette voiture de Renault. »
« Bien sûr. C'est un modèle **nouveau**.
e) Caroline a un **nouveau** professeur de français.

f) « Je te présente mon **cher** ami Lucien. »
g) M. Paietout va dans un restaurant **cher**.
h) « 80 € pour un pantalon ? C'est un pantalon **cher**. »
i) Caroline écrit à Adrien : « Mon **cher** frère. »
j) Le TGV est un train **cher** mais rapide.

gabe 26

… vor dem Nomen		… nach dem Nomen
a) un -	professeur	content
b) un -		génial
c) un grand		-
d) un -		impossible
e) un -		correct
f) un -		sympa
g) un -		drôle
h) un nouveau		-
i) un mauvais		-
j) un -		bizarre
k) un autre		-
l) un bon		-
m) un -		bête

gabe 27

a) « Elle », c'est une revue **allemande** ?
Non, **c'est une revue française**.
b) Séverine habite dans une **grande** maison ?

Non, **elle habite dans une petite maison**.

c) Adrien apprend une leçon **facile** ?
Non, **il apprend une leçon difficile**.

d) Stéphane achète une chemise **verte** ?
Non, **il achète une chemise bleue**.

e) Caroline est une élève **bête** ?
Non, **elle est une élève intelligente**.

f) Passer les vacances sur une île est une idée **bizarre** ?
Non, **c'est une idée fantastique**.

Aufgabe 28

a) New York n'est pas une ville **européenne**, mais **américaine**.
b) Ce n'est pas la **bonne** réponse. Cette réponse est **fausse**.
c) « Mme Girard, notre **nouvelle** prof est **folle**. »
d) « Ta jupe **blanche** est trop **longue**. »
e) Cette voiture n'est pas **bonne** et en plus, elle est trop **chère**.

Aufgabe 29*

a) Caroline est une **fille fançaise**.
b) Elle habite dans un **grand immeuble** dans un **nouveau quartier cher** à Montmorency.
c) Avec ses 160 cm, elle n'est pas très **grande**, mais elle est une **jolie fille sportive**. Surtout en gymnastique elle est **géniale**.
d) A l'école elle est une **bonne élève**, parce qu'elle est très **intelligente**. En maths, par exemple, elle est très **rapide**. Elle est toujours la **première**. Elle trouve toujours la solution **correcte**.
e) Ses amies disent qu'elle est **drôle**, mais aussi un peu **bizarre** parce qu'elle peut être très **difficile** aussi.
« Un jour elle est très **amusante** et le lendemain elle peut être **impossible** », dit sa copine Eloïse.
f) Son frère Adrien dit : « C'est une **fille folle**. Pour moi, elle est trop **compliquée** parce qu'elle n'est jamais **contente**... »

Aufgabe 30*

a) Caroline ist ein französisches Mädchen.
b) Sie wohnt in einem großen Wohnblock in einem neuen, teuren Viertel in Montmorency.
c) Mit ihren 1,60 m ist sie nicht sehr groß, aber sie ist ein hübsches, sportliches Mädchen. Besonders im Turnen ist sie genial.

d) In der Schule ist sie eine gute Schülerin, weil sie sehr intelligent ist. In Mathe, zum Beispiel, ist sie sehr schnell. Sie ist immer die erste. Sie findet immer die richtige Lösung.
e) Ihre Freundinnen sagen, dass sie sehr witzig ist, aber auch ein bisschen eigenartig, weil sie auch sehr schwierig sein kann. „An einem Tag ist sie sehr lustig und am nächsten Tag kann sie unmöglich sein", sagt ihre Freundin Eloïse.
f) Ihr Bruder Adrien sagt: „Das ist ein verrücktes Mädchen. Mir ist sie zu kompliziert, weil sie nie zufrieden ist …"

gabe 31* Individuelle Läsung

Ma mère n'est pas très grande. Elle a 38 ans. Elle est sportive. Elle fait de la natation et elle joue au tennis. Elle fait toujours de bons repas. Elle porte toujours des jeans. Je trouve qu'elle est jolie. Je l'aime beaucoup parce qu'elle est toujours là pour moi. Elle m'aide quand j'ai des problèmes.

gabe 32

a) de(s)[1] grands arbres
b) des vêtements chers[2]
c) de(s)[1] jolies fleurs
d) des voitures rapides
e) de(s)[1] petits chats
f) de(s)[1] bons fruits
g) des maisons nouvelles

Hinweise:

1 Steht das Adjektiv vor dem Substantiv, dann verkürzt sich im gehobenen Französisch der Artikel *des* zu *de*

2 Bedeutet *cher* ‚teuer', steht es hinter dem Nomen, bedeutet es ‚lieb', steht es davor.

gabe 33

ALEXANDER : « Est-ce qu'il y a des filles **sympas** dans ta classe ? »
ADRIEN : « Ah oui, il y a des filles **super**. Moi, par exemple, j'aime bien Christine, elle est **géniale**. Et toi, comment est-ce que tu trouves les filles **françaises** ? »
ALEXANDER : « Oh, comme les garçons **français** : **sympas/sympathiques** et **gentilles**. Christine va avec nous faire de l'escalade demain ? »
ADRIEN : « Non, les rochers là-bas sont trop **dangereux** pour une fille. »
ALEXANDER : « C'est **faux**. Je connais des filles très **sportives**. »

Aufgabe 34

1	irlandais, e	2	anglais, e
3	norvégien, ne	4	suédois, e
5	finlandais, e	6	russe
7	portugais, e	8	espagnol,e
9	français, e	10	italien, ne
11	suisse	12	luxembourgeois, e
13	belge	14	néerlandais, e
15	allemand, e	16	danois, e
17	polonais, e	18	tchèque
19	autrichien, ne	20	hongrois, e
21	roumain, e	22	bulgare
23	grec, grecque	24	turc, turque

Aufgabe 35

a) un garçon **heureux**, des filles **heureuses**
b) une **jolie** fleur, des **jolis** arbres
c) un bijou **faux**, des informations **fausses**
d) une sœur **super**, des parents **super**
e) un **bon** ami, des **bonnes** copines
f) une rue **longue**, des chemins **longs**
g) une **petite** histoire, des **petits** secrets
h) un papier **blanc**, des chemises **blanches**

Aufgabe 36

Cher/Chère Nicole,

Merci beaucoup pour ta gentille lettre et les jolies photos.

Notre famille n'est pas grande. J'ai seulement un petit frère. Il fait souvent des bêtises folles.

J'habite dans une petite ville. Pour moi, ce n'est pas très intéressant, mais mes parents préfèrent la vie calme à la campagne. La vie dans une grande ville est trop dangereuse.

Mon école est nouvelle et grande. Elle a une cantine où on peut avoir un repas chaud à midi. J'aime bien manger avec mes copines/mes copains, parce qu'il y a toujours une bonne ambiance.

C'est ma première année de français/ma première année où j'apprends le français. Apprendre une nouvelle langue n'est pas facile. Je trouve la grammaire un peu compliquée, mais c'est une jolie langue.

Salut, à bientôt et écris vite.

gabe 37

mon, ma, mes	ton, ta, tes	son, sa, ses
mon oncle	**ton** chien	**son** cahier
ma tante	**tes** oiseaux[1]	**ses** stylos
ma grand-mère	**ton** hamster	**sa** chaise
mes cousines	**ton** chat	**ses** livres

Hinweis:

1 Der Plural der Substantive auf *-eau* lautet *-eaux* (z. B. auch *un cadeau → des cadeaux, un gâteau → des gâteaux*)

gabe 38

a) Monsieur Aubray prépare **son** excursion à[1] Versailles. **Sa** femme l'aide[2] parce qu'il ne trouve jamais **ses** affaires.
– « Chérie, je ne trouve pas **mes** lunettes. »
– « **Tes** lunettes ? Je ne sais pas où elles sont. Peut-être dans **ton** bureau. »
– « Non, non. Dans **mon** bureau, il y a tout, mais pas **mes** lunettes. »
Madame Aubray regarde encore une fois dans le bureau de M. Aubray.
– « Ah, les voilà, à côté de **ton** ordinateur. »
– « Merci, chérie. »

b) Le petit Martin cherche **sa** maman. Il a peur et pleure. Une vieille dame le voit et demande :
– « Mais qu'est-ce que tu as, **mon** petit ? »
– « Je ne trouve plus **ma** maman. »
– « **Ta** maman ? Ne pleure[3] pas. On va la chercher ensemble. Qu'est-ce qu'elle porte comme vêtements ? »
– « Elle porte **son** jean noir et **sa** veste bleue. »
– « Ah, je la[4] vois. Elle achète les billets. »

Hinweise:

1 Bei Städten steht die Präsposition *à*, bei weiblichen Ländernamen (das sind fast alle) die Präposition *en* (z. B. aller <u>à</u> Strasbourg, aller <u>en</u> France).
2 aider qn
3 Zur Bildung und Verwendung des Imperativs siehe S. 93–97.
4 Zur Stellung der Objektpronomen siehe S. 47.

Aufgabe 39

		juste	faux
a)	M. Aubray habite à Versailles.	☐	☒
b)	Il cherche ses lunettes.	☒	☐
c)	M. Aubray a un ordinateur.	☒	☐
d)	Martin cherche sa maman.	☒	☐
e)	Martin parle à une jeune femme.	☐	☒
f)	La mère porte des pantalons.	☐	☒
g)	La dame ne trouve pas la mère.	☐	☒

Aufgabe 40

notre argent **nos** billets

notre pièce **notre** porte-monnaie

votre chien **votre/vos** souris

vos chats **votre** perruche

leurs cahiers **leur** stylo

leurs règles **leur** gomme

Aufgabe 41

Formulaire

votre	nom:		Chevanel
votre	prénom:		Louis
votre	date de naissance:	jour	29
		mois	juin
		année	1996
votre	adresse postale:		3, rue de Jeanne d'Arc, 28000 Chartres
votre	adresse email:		louisc_96@wanadoo.fr
votre	numéro de téléphone:		03.44.57.23.05

gabe 42 M. AUBRAY (le professeur) : Bonjour la classe. D'abord nous allons corriger **vos** devoirs. Sortez **vos** cahiers, s'il vous plaît.

LES ÉLÈVES : **Nos** cahiers sont déjà ouverts.

M. AUBRAY : Oh, alors Adrien, lisez **votre** texte.

L ES ÉLÈVES : Adrien n'est pas là, Monsieur.

M. AUBRAY : Ah bon. Alors Caroline, lisez **vos** devoirs, s'il vous plaît.

L ES ÉLÈVES : Caroline n'est pas là non plus.

M. AUBRAY : Comment ça ? Où sont Adrien et Caroline ?

UN ÉLÈVES : Ils sont chez **leurs** grands-parents à Paris pour fêter l'anniversaire de **leur** grand-mère. Vous avez une lettre de **leurs** parents devant vous.

M. AUBRAY : Une lettre ?

LAURENT : Pardon Monsieur, je peux vous poser une question ?

M. AUBRAY : Bien sûr.

LAURENT : M. Aubray, où sont **vos** lunettes ?

gabe 43 Les Gayan arrivent à Paris. La grand-mère ouvre la porte.

GRAND-MÈRE : Oh, quelle surprise ! Entrez **mes** enfants.

MADAME GAYAN : Merci maman. Voilà **ton** cadeau.

GRAND-MÈRE : Merci **ma** chérie.

MADAME GAYAN : Où est papa ?

GRAND-MÈRE : Il est dans le jardin. Il s'occupe de **ses** roses. Je vais l'appeler. Louis, arrête de travailler. Les enfants sont là.

Adrien et Caroline sont dans la salle de séjour et lisent **leurs** BD quand **leur** grand-père arrive.

GRAND-PÈRE : Bonjour les enfants. Où sont **vos** parents ?

ADRIEN : **Nos** parents ? **Mon** père met **sa** voiture dans le garage et maman, je ne sais pas où elle est.

GRAND-PÈRE : Ah bon. Et que fait **votre** grand-mère ?

CAROLINE : Elle est dans la cuisine. Elle prépare **notre** chocolat chaud.

Madame et Monsieur Gayan entrent dans la salle de séjour.

MADAME GAYAN : Bonjour papa. Tu vas bien ? Tu as toujours des problèmes avec **tes** jambes ?

GRAND-PÈRE : Non, non. Ça va mieux.

MADAME GAYAN : Que fait maman encore dans la cuisine ? Elle fait le gâteau pour **son** anniversaire ?

GRAND-PÈRE : Non, non. On a encore le temps. L'anniversaire de **ta** mère, c'est la semaine prochaine.

Aufgabe 44 Individuelle Lösung

Caroline et Julia entrent dans un magasin. Dans ce magasin, on peut acheter des disques. Le vendeur arrive et leur demande : « Qu'est-ce que vous cherchez comme musique ? » « On cherche ce nouveau[1] CD de Bénabar », dit Caroline et montre une photo dans un magazine. « Bénabar ? » demande le vendeur. « C'est un chanteur, une chanteuse ou un groupe ? » « Mais vous ne connaissez pas *Le dîner* ? On entend cette chanson partout ! » répond Caroline. « Vous pouvez peut-être chanter la mélodie ? » demande le vendeur. « Ecoutez, Monsieur. Je ne suis pas chanteuse[2]. Je ne peux donc pas chanter cette mélodie. » dit Caroline. « Mais vous, vous êtes vendeur de disques et vous ne connaissez pas ce chanteur ? Il est un des meuilleurs musiciens français ! »

Hinweise:

1 Zur Stellung des Adjektivs *nouveau* siehe S. 26.

2 Wird wie hier eine Berufsbezeichnung hinter eine Form von *être* gestellt (man spricht in diesem Fall von substantivischen prädikativen Ergänzungen), dann wird der Artikel weggelassen (z. B. *Il est médecin.*).

Aufgabe 45

Je voudrais	**cet ordinateur**	Je voudrais	**ces pantalons**
	ces rollers		**ce chien**
	cette guitare		**cette radio**
	ces CD		**ce portable**

Aufgabe 46

a) **Elle** téléphone.
b) **Il** est à la piscine.
c) **Ils** travaillent dans le jardin.
d) **Elles** écoutent **de la** musique.
e) **Nous** regardons la télé./**On** regarde la télé.
f) **Je** suis **dans la cuisine**.

Aufgabe 47

a)	la cathédrale	**la**	b)	la forêt	**la**
c)	le chat	**le**	d)	les exemples	**les**
e)	l'appartement	**le**	f)	l'exercice	**le**
g)	les journaux	**les**	h)	le groupe	**le**
i)	l'auberge de jeunesse	**la**	j)	l'interview	**la**
k)	les couleurs	**les**	l)	les châteaux	**les**

gabe 48

a) Tu connais le Louvre ? Oui, **je le connais**.
b) Tu connais les Tuileries ? Oui, **je les connais**.
c) Tu connais l'Arc de triomphe ? Oui, **je le connais**.
d) Tu connais le musée d'Orsay ? Oui, **je le connais**.
e) Tu connais les grands boulevards ? Oui, **je les connais**.
f) Tu connais l'île de la Cité ? Oui, **ja la connais**.
g) Tu connais Disneyland ? Oui, **je le connais**.
h) Tu connais la cathédrale Notre-Dame ? Oui, **je la connais**.

gabe 49

a) ALEXANDER : Tu prends **l'appareil-photo** ?
ADRIEN : Non, **je ne le prends pas**.
b) ALEXANDER : Tu as **les cordes** ?
ADRIEN : Non, **je ne les ai pas**.
c) ALEXANDER : On prend **le portable** ?
ADRIEN : Non, **on ne le prend pas**.
d) ALEXANDER : Tu as **la carte** ?
ADRIEN : Non, **je ne l'ai pas**.
e) ALEXANDER : Tu prends **le casque** ?
ADRIEN : Non, **je ne le prends pas**.
f) ALEXANDER : On met les chaussures d'escalade ?
ADRIEN : Non, **on ne les met pas**.
g) ALEXANDER : Et les boissons ?
ADRIEN : **On ne les prend pas**.

gabe 50

M. GAYAN : Tu veux passer le week-end à Marseille ?
MME GAYAN : Non, **je veux le passer** ici.
M. GAYAN : Ici ? Tu ne veux pas voir ta sœur ?
MME GAYAN : Non, je ne **veux pas la voir**.
M. GAYAN : Mais tu ne vas pas fêter son anniversaire avec elle ?
MME GAYAN : Non, **je ne vais pas le fêter** chez elle.
M. GAYAN : Alors, tu dois appeler Louisette pour dire que tu ne viens pas.
MME GAYAN : Je sais, **je vais l'appeler** demain.
M. GAYAN : Bon, comme tu veux. Mais qu'est-ce qu'on va faire le week-end ?
MME GAYAN : On va aller chercher les enfants.
M. GAYAN : Ah les enfants !
MME GAYAN : Mais oui, on ne peut pas **les** laisser une semaine de plus chez ta sœur.

Aufgabe 51*

a) Tu as le plan de Paris ?
Non, **je ne l'ai pas.**

b) Tu connais la route ?
Oui, **je la connais.**

c) N'oublie pas l'argent.
Non, je ne vais **pas l'oublier**.

d) Tu as les fleurs pour maman ?
Oui, **je les ai.**

e) Tu vas prendre le numéro de téléphone des voisins ?
Oui, **je vais le prendre.**

f) N'oublie pas tes lunettes.
Non, **je ne les oublie pas.**

g) Tu veux prendre tes journaux ?
Non, **je ne veux pas les prendre.**

h) Les enfants peuvent prendre le perroquet ?
Non, **ils ne peuvent pas le prendre.**

i) Tu vas préparer les sandwichs pour le pique-nique ?
Oui, **je vais les préparer.**

j) Bon. Tu appelles les enfants ? On peut partir.
D'accord, **je les appelle** tout de suite.

Hinweis:

1 Der Plural der Substantive auf *-al* lautet in der Regel *-aux* (z. B. auch *un cheval* → *des chevaux*)

Aufgabe 52*

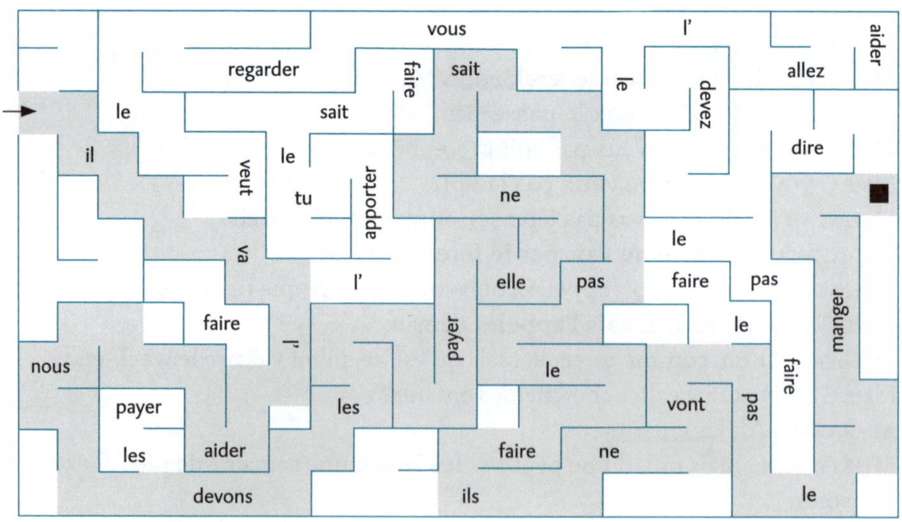

gabe 53 LA MÈRE : Philippe, tu **m'**écoutes ?

PHILIPPE : Oui, je **t'**écoute, maman.

LA MÈRE : On va faire des courses cet après-midi, et tu vas **nous** accompagner.

PHILIPPE : **Vou**s accompagner, pourquoi ?

LA MÈRE : On ne va pas **te** laisser seul à la maison.

PHILIPPE : Pourquoi est-ce que vous ne pouvez pas **me** laisser ici ? Je suis assez grand.

LA MÈRE : Tu dois **nous** aider.

PHILIPPE : Mais je dois faire mes devoirs.

LA MÈRE : Ne **me** raconte pas d'histoires. Je **te** connais. Tu ne vas pas **me** dire que tu fais tes devoirs. Je sais que tu **t'**amuses avec ton ordinateur. Alors, viens ici maintenant. Je ne veux pas **t'**appeler trois fois.

gabe 54 a) – Gilles, tu me montres tes jeux vidéo ? mir
– D'accord, je vais te montrer mes jeux. dir

b) – Vous allez nous accompagner ? uns
– D'accord, nous allons vous accompagner. euch

c) – Monsieur, les BD, ça vous intéresse ? Sie
– Non, ça ne m'intéresse pas. mich

d) – Je peux te demander quelque chose ? dich
– Bien sûr, tu peux toujours me demander. mich

e) – Monsieur, je vous présente ma correspondante Charlotte. Ihnen
– Ah oui, bonjour Charlotte. Enchanté *(erfreut)* de vous connaitre. Sie

gabe 55 ADRIEN : Papa, tu **nous** laisses prendre le perroquet ?

LE PÈRE : Non, Adrien. Nous n'avons pas de place dans la voiture.

ADRIEN : Papa, pourquoi est-ce que tu ne **me** laisses pas l'emmener ?

LE PÈRE : Tu ne **me** comprends pas ?

CAROLINE : Je ne veux pas partir sans perroquet.

LA MÈRE : Ecoutez les enfants. Papa **vous** dit qu'il n'y a pas de place pour le perroquet. Je **me** demande pourquoi vous ne pouvez pas **le** comprendre.

CAROLINE : Vous ne voulez pas **le** prendre parce que vous ne **l'**aimez pas vraiment.

LE PÈRE : Je ne veux plus de discussions. Vous allez **m'** écouter. Vous allez monter dans la voiture maintenant. Et sans perroquet.

ADRIEN : Comme tu veux. Mais les BD, on peut **les** prendre ?

LE PÈRE : Les BD, d'accord. Elles ne font pas de bruit.

Aufgabe 56

a) Je vais te dire quelque chose.
b) C'est quoi ?
c) Il y a assez de place dans la voiture.
d) Je le vois aussi.
e) Nos parents ne nous respectent pas. Je ne les aime plus.
f) Je vais le raconter aux grands-parents.
g) Oui, ils nous comprennent.
h) Tu aimes les grands-parents ?
i) Oui, je les aime.
j) La grand-mère me fait toujours des cadeaux.
k) Moi aussi, je la trouve super.
l) Je suis contente de la revoir.

Aufgabe 57

deux	**quatre**	**cinq**	**un**	huit	sept	**neuf**	**trois**	six
neuf	sept	**un**	quatre	**six**	trois	cinq	**deux**	huit
trois	**six**	**huit**	neuf	**cinq**	deux	un	**sept**	**quatre**
six	**un**	**trois**	**deux**	sept	**huit**	**quatre**	**neuf**	**cinq**
cinq	neuf	**deux**	**six**	**un**	**quatre**	**sept**	huit	trois
sept	**huit**	quatre	cinq	**trois**	**neuf**	deux	**six**	un
quatre	**trois**	six	**sept**	**neuf**	un	**huit**	cinq	deux
huit	**deux**	**sept**	trois	quatre	**cinq**	**six**	un	neuf
un	cinq	neuf	huit	**deux**	**six**	**trois**	quatre	**sept**

gabe 58

		oui	non			oui	non
a)	trois jours	☐	☒	b)	huit ans	☒	☐
c)	deux enfants	☒	☐	d)	deux semaines	☐	☒
e)	huit fois	☐	☒	f)	trois amis	☒	☐
g)	cinq cents	☐	☒	h)	dix personnes	☐	☒
i)	dix	☒	☐	j)	cinq pierres	☐	☒
k)	six étages	☒	☐	l)	six oranges	☒	☐

gabe 59

a) LE PROFESSEUR : Alors, les enfants. Devant[1] la maison, il y a[2] **deux** voitures. Une voiture a **cinq** portes et **huit** fenêtres.
LE PROFESSEUR : Cela fait combien de[3] portes ensemble ?
PATRICK : Cela fait **dix** portes, monsieur.
LE PROFESSEUR : Bien. Et cela fait combien de fenêtres ?
CATHIE : Cela fait **seize** fenêtres, monsieur.

b) LE PROFESSEUR : Ecoutez[4], les enfants. On va faire un deuxième[5] exercice. J'ai **six** poires, **onze** fraises, **trois** bananes, **treize** prunes, **quatorze** pommes. Qu'est-ce que cela donne ?
MICHEL : Une salade de fruits, monsieur.

Hinweise:

1 *devant* (vor) ≠ *derrière* (hinter)
2 Enthält der Satz eine Angabe des Ortes, wird häufig *il y a* verwendet (z. B.: *Sur la photo, il y a douze garçons, quatorze filles et deux chiens.*).
3 Das Fragepronomen *combien* wird immer mit *de* verbunden.
4 Zur Bildung des Imperativs siehe S. 93.
5 *premier, ère* (erste, r, s) – *deuxième* (zweite, r, s) – *troisième* (dritte, r, s)

gabe 60

a) 19 + 17 = **36 (dix-neuf + dix-sept = trente-six)**
b) 63 – 16 = **47 (soixante-trois – seize = quarante-sept)**
c) 21 · 3 = **63 (vingt et un · trois = soixante-trois)**
d) 25 + 26 = **51 (vingt-cinq + vingt-six = cinquante et un)**
e) 69 – 14 = **55 (soixante-neuf – quatorze = cinquante-cinq)**

Aufgabe 61

ZERO U**N**

QUAR**A**NTE-**D**EUX

ZERO TRO**I**S

QUARA**N**TE-QUATR**E**

VINGT-HUIT

NADINE Chauvrot
3, rue des Champs
☎ 01 42 03 44 28

ZERO UN

CINQU**A**NTE

VI**N**GT-**T**R**O**IS

QUATRE-V**I**NGT-O**N**ZE

TR**E**IZE

ANTOINE Lemaire
14, rue Bayard
☎ 01 50 23 91 13

CHRISTIAN Cadet
33, rue de la Montagne
☎ 01 58 36 76 97

ZERO UN

CINQUANTE-**H**UIT

T**R**ENTE-S**I**X

SOIXAN**T**E-SE**I**ZE

QU**A**TRE-VI**N**GT-DIX-SEPT

SEVERINE Maugain
84, rue Saint Jacques
☎ 01 61 27 73 82

ZERO UN
SOIXANTE ET UN
VINGT-SEPT
SOIXANTE-TREIZE
QUATRE-VINGT-DEUX

VINCENT Gayan
26, rue des Chevaliers
☎ 01 22 51 25 38

ZERO UN
VINGT-DEUX
CINQUANTE ET UN
VINGT-CINQ
TRENTE-HUIT

REGINE Palanchon
114, rue du Parc
☎ 01 49 88 64 16

ZERO UN
QUARANTE-NEUF
QUATRE-VINGT-HUIT
SOIXANTE-QUATRE
SEIZE

Aufgabe 62

a) soixante-seize + quatorze = quatre-vingt-dix
b) trente-trois – douze = vingt et un
c) quatre-vingt-quatre + sept = quatre-vingt-onze
e) quarante-neuf + quarante = quatre-vingt-neuf
f) vingt-deux + cinquante-neuf = quatre-vingt-un
g) soixante-dix – trente-quatre = trente-six
h) soixante-dix-sept – onze = soixante-six
i) quarante-trois + dix-huit = soixante et un

Aufgabe 63

4671 PG 77	Le *soixante-dix-sept*	vient de	**M**ELUN
5549 XJ 76	Le *soixante-seize*	vient de	R**O**UEN
6405 DS 82	Le *quatre-vingt-deux*	vient de	MO**N**TAUBAN
2197 RQ 86	Le *quatre-vingt-six*	vient de	POI**T**IERS
1243 LM 75	Le *soixante-quinze*	vient de	**P**ARIS
4459 DE 94	Le *quatre-vingt-quatorze*	vient de	CRET**E**IL
3720 FX 81	Le *quatre-vingt un*	vient de	A**L**BI
9871 GH 83	Le *quatre-vingt-trois*	vient de	TOU**L**ON
7104 MR 95	Le *quatre-vingt-quinze*	vient de	PONTO**I**SE
3047 TV 91	Le *quatre-vingt-onze*	vient de	**E**VRY
6218 HS 79	Le *soixante-dix-neuf*	vient de	NIO**R**T

Lösungswort: MONTPELLIER

Les voitures de cette ville ont le numéro **trente-quatre**.

gabe 64 Individuelle Lösung

L'anniversaire de ma copine	Caroline	est le 9 août 1994
mon père	Werner	est le 21 avril 1952
ma mère	Sula	est le 29 janvier 1966
mon frère	Adrian	est le 20 juin 1997
ma sœur	Lisa	est le 2 décembre 2000
mon grand-père	Otto	est le 28 août 1927
ma grand-mère	Emma	est le 24 avril 1930
mon copain	Alexis	est le 25 avril 1994
mon copain	Valentin	est le 19 janvier 1995
mon copain	Martin	est le 21 mars 1990
ma copine	Mona	est le 27 août 1993
ma copine	Katharina	est le 1er[1] août 1995
ma copine	Charlotte	est le 3 août 1994
Mon anniversaire		est le 14 mai 1994

Hinweis:

1 Ist jemand am 1. eines Monats geboren, darfst du nicht vergessen, die Abkürzung 1er zu verwenden.

gabe 65

Chère Julie,
Ici, à Six-Fours-les-Plages, nous dormons très longtemps. On se lève à neuf ou dix heures du matin. Ensuite, on prend le petit déjeuner sur la terrasse et on discute le programme de la journée. On ne fait pas beaucoup le matin. A midi, on ne mange pas à la maison, parce que nous faisons souvent du pique-nique à la plage l'après-midi. Le soir, on reste à la maison où on fait des jeux jusqu'à minuit. Demain soir, on va rentrer. Mon père préfère voyager la nuit.

Salut, et à bientôt,
Caroline

Julie Binel
8, rue de l'Impasse
91000 Evry

Aufgabe 66

LUNDI

faire les courses avec mes parents

Le lundi, il fait les courses avec ses parents.

MARDI

aller au cours de guitare

Le mardi, il va au cours de guitare.

MERCREDI

sortir avec mes copains

Le mercredi, il sort avec ses copains.

JEUDI

regarder « Qui veut être millionaire ? » à la télé

Le jeudi, il regarde « Qui veut être millionaire » à la télé.

VENDREDI

ranger ma chambre

Le vendredi, il range sa chambre.

SAMEDI / DIMANCHE

faire du vélo avec mes copains/jouer au foot dans mon club

Le week-end (le samedi et le dimanche), il fait du vélo avec ses copains et joue au foot dans son club.

Aufgabe 67 Individuelle Lösung

a)	**Lundi**	*faire du vélo*	*Le lundi[1], je fais du vélo.*
b)	**Mardi**	*regarder « Questions pour un champion » à la téle*	*Le mardi[1], je regarde « Questions pour un champion » à la télé.*
c)	**Mercredi**	*jouer au tennis*	*Le mercredi[1], je joue au tennis.*
d)	**Jeudi**	*travailler pour l'école*	*Le jeudi[1], je travaille pour l'école.*

e)	**Vendredi**	*faire les courses avec maman*	*Le vendredi[1], je fais les courses avec maman.*
f)	**Samedi**	*aller au stade avec papa*	*Le samedi[1], je vais au stade avec papa.*
g)	**Dimanche**	*faire une promenade avec le chien*	*Le dimanche[1], je fais une promenade avec le chien.*

Hinweis:

1 Denke daran, den Artikel *le* vor den Wochentag zustellen, wenn du eine Tätigkeit beschreibst, die du regelmäßig machst! Kontrolliere noch einmal, ob du die 1. Person Singular der Verben richtig gebildet hast.

gabe 68

CAROLINE : Salut Cathérine. Tu arrives **vendredi** ou **samedi** ?
CATHÉRINE : Salut Caroline. Mon père m'emmène chez toi **samedi matin**.
CAROLINE : Ça va, parce que **samedi après-midi**, on va à la piscine.
CATHÉRINE : C'est super ! Tu vas toujours à la piscine **le samedi après-midi** ?
CAROLINE : Non, pas toujours. Quand il pleut, on joue aux cartes ou on va au cinéma.
CATHÉRINE : Et qu'est-ce qu'on fait **dimanche** ?
CAROLINE : Bon, **le dimanche matin** on va toujours à la messe, et **l'après-midi** on accompagne David au stade.
CATHÉRINE : Ah bon ? Il joue au foot, ton frère ?
CAROLINE : Oui, il est dans le club et **dimanche** ils jouent contre Nancy.
CATHÉRINE : D'accord. On se voit **samedi**, alors.
CAROLINE : Très bien, **à samedi**, Salut Cathérine.
CATHÉRINE : Salut Caroline.

gabe 69

a) Samedi, le 14 août, Julia arrive.
b) A midi, Caroline part à la gare.
c) L'après-midi, elle discute avec Julia.
d) Le soir, elles se couchent tôt.
e) Le lendemain matin, elles font un tour dans le quartier.
f) Dimanche après-midi, elles font une promenade en ville.
g) Lundi, le 16 août, elles font les courses avec maman.
h) L'après-midi, elles ont rendez-vous avec Cathérine.

i) Mardi matin, elle écoute des CD avec Julia.
j) Mercredi après-midi, elles vont au club de théâtre.

Aufgabe 70

Montmorency, le 16 octobre 2006

Excursion au château de Versailles, vendredi, le 20 octobre

sept heures et demie : Départ au collège de Montmorency

huit heures et quart : Petit déjeuner pique-nique dans la forêt de St. Germain

neuf heures : Départ de l'autobus

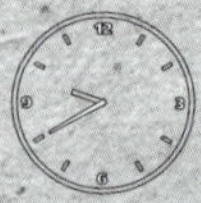
dix heures moins vingt : Arrivée devant le château de Versailles

De 
dix heures moins dix

à 
midi : Visite du château

De 
midi dix

à 
trois heures : Promenade et pique-nique dans les jardins du château

trois heures vingt-cinq : Départ du bus

cinq heures moins vingt-cinq : Retour à Montmorency

gabe 71

a)

A sept heures moins dix,
je me lève.

b)

A neuf heures dix,
je suis à l'école.

c)

A midi cinq,
je suis encore en classe.

d)

A trois heures vingt-cinq,
je fais mes devoirs.

e)

A huit heures et quart,
je lis dans mon lit.

f)

A minuit moins le quart,
je dors.

gabe 72

a)	**Départ**	Val d'Isère	12:30	*douze heures trente*
b)		Col de l'Iseran	13:16	*treize heures seize*
c)		Le Villaron	13:34	*treize heures trente-quatre*
d)		Bramans	14:08	*quatorze heures huit*
e)		Modane	14:26	*quatorze heures vingt-six*
f)		Col du Télégraphe	15:21	*quinze heures vingt et une*
g)		Col du Galibier	16:15	*seize heures quinze*
h)	**Arrivée**	Briançon	17:01	*dix-sept heures une*

… rund ums Verb

Aufgabe 73

Verben auf -er	Verben auf -re	Verben auf -ir	Verben auf -oir	Verben auf -dre
poser	être	offrir	avoir	répondre
aller	lire	venir	savoir	
jouer	faire	ouvrir		
trouver				
entrer				
couper				

Aufgabe 74

a) Tu cherch**es** les chaussures ? Non, je cherch**e** le pantalon.
b) Elle travaill**e** au café ? Non, elle travaill**e** au restaurant.
c) Ils port**ent** un carton ? Non, ils port**ent** la télé.
d) Tu aim**es** les chiens ? Non, j'ador**e** les chats.
e) Elles arriv**ent** aujord'hui ? Non, elles rentr**ent** demain.
f) Tu discut**es** avec maman ? Non, je parl**e** à ma sœur.
g) Il install**e** l'ordinateur ? Non, il écout**e** des CD.
h) Ils téléphon**ent** à Patrick ? Non, ils appell**ent** Martin.

Aufgabe 75 Je m'appelle

T	H	O	M	A	S
1	2	3	4	5	6

a) Verb

1 T *travailler*
2 H *habiter*
3 O *ouvrir*
4 M *manger*
5 A *adorer*
6 S *savoir*

b) Satz

1	T	Je ne travaille pas beaucoup.
2	H	J'habite à Karlsruhe.
3	O	J'ouvre la fenêtre.
4	M	Je mange beaucoup.
5	A	J'adore les pizzas.
6	S	Je sais parler français.

gabe 76

a) **Mme Guérin prépare** le repas dans la cuisine.
b) **Elle entre** dans la salle à manger avec le repas.
c) **M. Guérin et les enfants A. et J. discutent** à table et **demandent** :
d) « Qu'est-ce que **tu apportes**, maman ? »
e) **Mme Guérin pose** une grande pizza sur la table.
f) Julien : « Oh, **j'adore** les pizzas. »
g) Mme Guérin et A. : « Nous aussi, **nous aimons** les pizzas, merci maman. »
h) **M. Guérin coupe** la pizza.
i) **Il donne** un grand morceau à Mme Guérin quand **le téléphone sonne**.
j) M. Guérin : « **Qui téléphone** maintenant ? »
k) Dans notre famille, **on respecte** les heures de repas.
l) Et vous, les enfants, **vous restez** à table.
m) **On termine** le repas. »

gabe 77

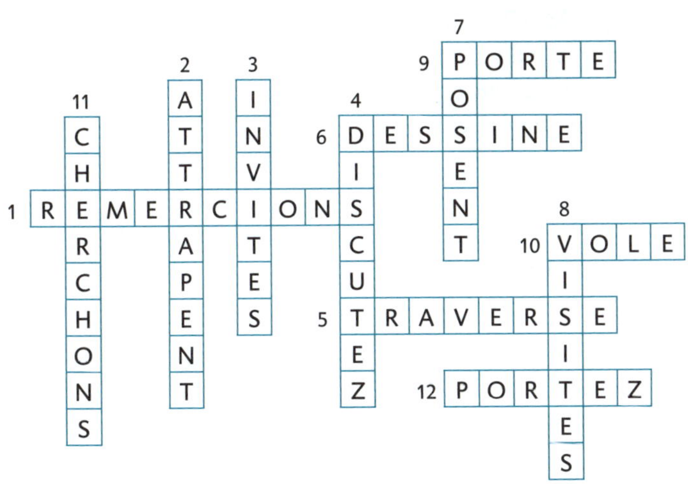

Aufgabe 78

a)	**m**erquaz	vous marquez	marquer
b)	tesp**c**om	tu comptes	compter
c)	**a**sonid	nous aidons	aider
d)	ou**j**e	je, il, elle, on joue	jouer
e)	ge**c**hannt	ils, elles changent	changer
f)	esil**o**ub	tu oublies	oublier
g)	**c**zolle	vous collez	coller
h)	se**p**sa	je, il, elle, on passe	passer
i)	non**m**ost	nous montons	monter

Aufgabe 79 a)

	préférer	essayer	jeter	peser
Je / J'	**préfère**	**essaie/essaye**	**jette**	**pèse**
Anne	**préfère**	**essaie/essaye**	**jette**	**pèse**
Nous	**préférons**	**essayons**	**jetons**	**pesons**
Les parents	**préfèrent**	**essaient/essayent**	**jettent**	**pèsent**
Tu	**préfères**	**essaies/essayes**	**jettes**	**pèses**
Vous	**préférez**	**essayez**	**jetez**	**pesez**

b) Individuelle Lösung

Anne préfère[1] aller au stade.
Qu'est-ce que vous préférez ?
J'essaie/essaye un morceau de gâteau.
Nous essayons[2] d'arriver à l'heure.
Les parents essaient/essayent le vin.
Nous jetons le papier.
Tu jettes ce carton ?
Je pèse quarante-six kilos.
Les parents pèsent les fruits.
Combien est-ce que vous pesez ?

Hinweise:

1 *préférer faire qc*

2 *essayer de faire qc*

abe 80 a) Les enfants de M. et Mme Guérin qui **s'appellent** Anne et Julien **achètent** des CD.
b) « Qu'est-ce que tu **achètes** ? » **demande** Anne.
c) Julien **cherche** encore. Elle **répète** : « Qu'est-ce que tu **achètes** ? »
d) Julien : « Je **cherche** un CD de Claude Fugain. »
e) Anne : « Mais il **s'appelle** Michel Fugain. »
f) « Ah bon ? » dit Julien et **commence** à chercher sous « Michel ».
g) Ils **cherchent** pendant des heures.
h) Enfin ils **trouvent** le CD « Une belle histoire » de Michel Fugain.
i) A la caisse Julien **demande** : « On **paye/paie** le CD ensemble ? »
j) « Non, dit Anne, tu **payes/paies**. »
k) Ils **quittent** le magasin.
l) Quand ils **arrivent** à la maison, le repas est déjà sur la table.
m) M. Guérin n'est pas content : « Il est déjà 8 heures. Nous **commençons** à manger à 7 heures et demie ! »
n) « Ce n'est pas grave », disent les enfants, « nous **mangeons** aussi un repas froid. »

abe 81 a) Quand tu es fatigué, tu **vas** au **lit**.
b) Après l'école, les enfants **vont** à la **maison**.
c) Pour acheter un ticket, vous **allez** à la **gare**.
d) En été, nous **allons** au bord de la **mer**.
e) Et en hiver, on **va** à a la **montagne**.
f) Après les vacances, tu **vas** à l'**école**.
g) Pour acheter du pain, je **vais** à la **boulangerie**.
h) Pour faire les courses, les Gayan **vont** au **supermarché**.
i) Quand nous sommes malades, nous **allous** chez le **médecin**.

abe 82 M. GAYAN : Qu'est-ce que nous **mangeons** ce soir ? On **achète** du poisson ?
MME GAYAN : Les enfants **préfèrent** les pizzas.
M. GAYAN : Ah non, regarde, une pizza pour 4 €. Je ne **paie/paye** pas 16 € pour quatre pizzas. On ne **jette** pas l'argent par la fenêtre comme ça. Voilà. Et je ne le **répète** pas. C'est mon dernier mot.
MME GAYAN : Bon, alors nous **achetons** du poisson, si tu **préfères** le poisson.
Ils **appellent** la vendeuse.
LA VENDEUSE : Qu'est-ce que vous **préférez** comme poisson ?
M. GAYAN : On **essaie/essaye** la sole, chérie ?

MME GAYAN : D'accord.
M. GAYAN : Un kilo de sole, s'il vous plaît.
La vendeuse **pèse** le poisson et le **donne** aux Gayan. Après, ils **achètent** encore des pommes de terre. Ouf ! Elles pèsent 10 kilos ! Ils **vont** à la caisse.
Vous **payez** par chèque ?, **demande** la dame à la caisse.
M. GAYAN : Non, non. Nous **payons** en argent liquide.
LA DAME : Ça fait 54 €, Monsieur.
M. GAYAN : Pardon ? – 54 €, Monsieur, **répète** la dame.
M. Gayan **paie/paye** et tout le monde est content. Tout le monde ?

Aufgabe 83

	d r e n s e e c d	p e e d r r	a e n r p p r e d	t a d e e t r n
Infinitiv	descendre	prendre	apprendre	attendre
je/j'	descends	prends	apprends	attends
tu	descends	prends	apprends	attends
il/elle/on	descend	prend	apprend	attend
nous	descendons	prenons	apprenons	attendons
vous	descendez	prenez	apprenez	attendez
ils/elles	descendent	prennent	apprennent	attendent

Aufgabe 84

a) Les filles **font de la danse**.
b) Vous **faites du tennis**.
c) « Moi, je **fais du skate/du skate-board**. »
d) Victor **fait du basket**.
e) « Nous, nous **faisons du vélo**. »
f) Amandine et Marc **font de l'escalade**.
g) Lisa **fait du ski**.
h) « Moi, je **fais du roller**. »
i) Les garçons **font de la musique (rock)**.
j) « Nous, nous **faisons de la gymnastique**. »
k) Tu **fais de la natation**.
l) Denis **fait du foot**.

gabe 85

a)	ich schreibe	**j'**				É	C	R	I	S			
b)	wir setzen/stellen	**nous**					M	E	T	T	O	N	S
c)	ihr schreibt	**vous**					É	C	R	I	V	E	Z
d)	sie schreiben	**ils/elles**				É	C	R	I	V	E	N	T
e)	du setzt/stellst	**tu**					M	E	T	S			
f)	ihr macht	**vous**					F	A	I	T	E	S	
g)	ihr sagt	**vous**				D	I	T	E	S			
h)	sie lesen	**ils/elles**					L	I	S	E	N	T	
i)	wir sagen	**nous**			D	I	S	O	N	S			
j)	sie setzen/stellen	**ils/elles**	M	E	T	T	E	N	T				

a)	wir schreiben	**nous**			É	C	R	I	V	O	N	S
b)	du setzt/stellst	**tu**				M	E	T	S			
c)	sie lesen	**ils/elles**	L	I	S	E	N	T				
d)	sie sagt	**elle**					D	I	T			
e)	ihr sagt	**vous**		D	I	T	E	S				
f)	ihr lest	**vous**	L	I	S	E	Z					
g)	sie schreiben	**ils/elles**	É	C	R	I	V	E	N	T		
h)	wir setzen/stellen	**nous**	M	E	T	T	O	N	S			
i)	ich bin	**je**				S	U	I	S			
j)	wir sagen	**nous**			D	I	S	O	N	S		

gabe 86

Mme Berthod **ouvre** la porte de la chambre des enfants.

MME BERTHOD : Allez, les enfants, vous **sortez** du lit maintenant. On ne **dort** pas jusqu'à 10 heures. Dans un quart d'heure vous **venez** en bas pour prendre le petit déjeuner.

ANNE ET JULIEN : Mais pendant les vacances nous **dormons** toujours longtemps.

MME BERTHOD : Oui, mais aujourd'hui nous **partons** en vacances. Papa veut **partir** dans deux heures.

ANNE ET JULIEN : C'est génial ! On **vient** tout de suite.

Mme Berthod **sort** de la chambre. Une heure après, les enfants ne **viennent** toujours pas[1]. M. Berthod n'est pas content.

M. BERTHOD : Les enfants, on **part** en vacances. Maman **sort**[2] déjà le bagage.

Mais les enfants ne répondent pas. Ils sonst déjà dans la voiture.

Hinweise:

1 *ne … toujours pas:* immer noch nicht
2 *sortir* (intransitiv): hinausgehen
sortir qc (transitiv): hinausbringen

Aufgabe 87

	rivo	varois	ravio
Infinitiv	voir	savoir	avoir
je/j'	vois	sais	ai
tu	vois	sais	as
il/elle/on	voit	sait	a
nous	voyons	savons	avons
vous	voyez	savez	avez
ils/elles	voient	savent	ont

Aufgabe 88

attendre	boire	partir
j'attends nous attendons	tu bois vous buvez	ils partent il part

écrire	lire	dire
nous écrivons ils écrivent	je lis vous lisez ils lisent	tu dis elle dit vous dites

Aufgabe 89

a) Emma dort sur le lit.
b) J'écris une lettre.
c) M. Guérin : « Nous avons deux enfants. »
d) « Tu vois l'oiseau ? »
e) « Vous faites un dessin ? »
f) « Je sais la réponse ! »
g) Zoé vient de Paris.

h) Les Guérin partent en vacances.
i) Mme Guérin : « Anne et Julien, vous êtes dans la maison ? »
j) « Nous sommes dans le jardin. »
k) Mme Guérin : « Qu'est-ce que vous dites ? »
l) Les élèves sortent du collège.
m) « Tu viens avec moi au cinéma ? »
n) Louise lit une belle histoire.
o) Jacques et Christian vont en classe.

abe 90 a) « Je **dors** jusqu'à 6 heures et demie. »
b) Après, je **mets** mes pantoufles et je **vais** dans la salle de bains.
c) Dans ma chambre j'**ouvre** la fenêtre et je **prends** mes vêtements.
d) Puis, je **fais** mon lit.
e) Dans la salle à manger je **prends** le petit déjeuner. Ma mère m'**offre** du chocolat avec des croissants. Elle **met** tout sur la table.
f) Mon père **est** aussi à table. Il **lit** le journal et **attend**[1] son café.
g) Après le petit déjeuner, je **prends** mon cartable et je **sors** pour aller à l'école.
h) A la porte, ma mère me **dit** toujours : « Au revoir et fais[2] attention aux voitures. »
i) C'**est** l'horreur !

Hinweise:

1 *attendre qc*
2 Hier handelt es sich um einen Imperativ (siehe Seite 93).

abe 91 Anne et Julien : Maman, on **peut** jouer à l'ordinateur ?
Mme Guérin : Vous **voulez** jouer encore ? Vous **pouvez** travailler un peu pour l'école.
Anne et Julien : Mais nous **travaillons** toujours pour l'école.
Mme Guérin : Tu **veux** dire que tu **travailles** toute la journée pour l'école ?
Julien : Je ne comprends pas pourquoi les parents **veulent** toujours qu'on travaille.
Mme Guérin : Ah bon ? Alors, si tu **veux**, tu **peux** demander à papa.
Julien : Non, non. Il **veut** toujours la même chose que toi : qu'on travaille.
Mme Guérin : Donc, arrêtez de discuter. Je dis toujours, quand on **veut**, on **peut**.

Aufgabe 92

a) Vous **voulez jouer au[1] tennis**, mais vous **ne pouvez pas**.
b) Lisa **veut faire du[2] ski**, mais elle **ne peut pas**.
c) Tu **veux faire de la natation**, mais tu **ne peux pas**.
d) Bruno : « Je **veux faire du bâteau**, mais je **ne peux pas**. »
e) Les filles **veulent danser/faire de la danse**, mais elles **ne peuvent pas**.
f) Denis **veut faire de la planche à voile**, mais il **ne peut pas**.

Hinweise:

1 Das Verb *jouer* wird mit *à* verbunden, wenn es um Sport und Spiele geht (z. B. *jouer au foot, jouer aux cartes*); handelt es sich um Musik, musst du *jouer* mit *de* verbinden (z. B. *jouer de la guitare*).

2 Möchtest du eine sportliche oder musische Betätigung ausdrücken, kannst du häufig *faire* + *de* + Artikel + Substantiv verwenden (z. B. auch *faire de l'escalade, faire de la gymnastique, faire de la guitare*).

Aufgabe 93

a) **Regarde** la télé.
b) **Va** à la boulangerie.
c) **Demande** à maman.
d) **Lis** le journal.
e) **Corrige** tes fautes.
f) **Achète** du papier à lettres.
g) **Viens** à table.
h) **Mets** ta veste.
i) **Cherche** le ballon.
j) **Fais** tes devoirs.
l) Bon, **arrête** maintenant.

Aufgabe 94

a) Jouons à/sur l'ordinateur.
b) Sortez de la chambre.
c) Restez dans votre chambre.
d) Faisons un tour dans le quartier.
e) Faites attention dans la rue et rentrez dans une demi-heure.
f) Alors, mangeons. Bon appétit.
g) Dites au revoir.
h) Attendons encore un peu.
i) Appellons mon père.

Aufgabe 95

a) **Ouvrez** vos livres.
b) **Sors.**/**Quitte** la salle.
c) **Mange** à la maison.
d) **Viens** au tableau.
e) **Dites** « bonjour ».
f) **Faites** attention.
g) **Lis** les devoirs.
h) **Essaie/Essaye** encore une fois.

abe 96 ADRIEN : Papa, qu'est-ce que tu **vas** faire cet après-midi[1] ?
PAPA : Je **vais** aller au stade voir le match Paris St. Germain contre les Girondins de Bordeaux.
ADRIEN : On **va** aller ensemble ?
PAPA : Oui, bien sûr, tu **vas** venir avec moi.
ADRIEN : Et Caroline et maman, qu'est-ce qu'elles **vont** faire ?
PAPA : Elles **vont** rester à la maison.
ADRIEN : Maman, papa et moi, nous **allons** sortir un peu.
MAMAN : Qu'est-ce que vous **allez** faire ?
PAPA : Oh, on **va** seulement faire une petite promenade.
MAMAN : Ah, c'est une bonne idée. Attendez deux minutes. Je **vais** appeler Caroline. On **va** venir avec vous. Nous **allons** passer une belle journée ensemble.

Hinweis:

1 *ce matin, cet après-midi, ce soir* = heute Morgen/Nachmittag/Abend

abe 97
a) Adrien **va jouer** sur son ordinateur/à l'ordinateur.
b) Marise et Caroline **vont aller** en vélo/**vont faire** du vélo.
c) Moi, je **vais lire** un livre.
d) Les filles **vont téléphoner**.
e) Thomas **va regarder** la télé.
f) Les Guérin **vont faire** une fête.
g) Louise **va aller** à la plage/à la piscine.

be 98* Individuelle Lösung.

Lundi	*Lundi[1], je vais jouer au foot.*
Mardi	*Mardi, je vais faire un tour en ville[2].*
Mercredi	*Mercredi, je vais aller au cinéma.*
Jeudi	*Jeudi, je vais ranger ma chambre.*
Vendredi	*Vendredi, je vais sortir avec mes copains.*
Samedi	*Samedi, je vais réparer mon vélo.*
Dimanche	*Dimanche, je vais faire une promenade avec mes parents.*

Hinweise:

1 Wenn du den Wochentag in deinen Satz aufnimmst, achte darauf, dass du keinen Artikel davor setzt.

2 *en ville*

Aufgabe 99*

a) MME GUÉRIN : Julien, tu **vas** rencontrer tes amis ?
JULIEN : **Non, je ne veux pas rencontrer mes amis.**
JULIEN : **Non, je ne veux pas les rencontrer.**

b) MME GUÉRIN : Les enfants, vous **allez** faire vos devoirs ?
ANNE ET JULIEN : **Non, nous ne voulons pas faire nos devoirs.**
ANNE ET JULIEN : **Non, nous ne voulons pas les faire.**

c) M. GUÉRIN : Chérie, nous **allons** inviter ma mère ?
MME GUÉRIN : **Non, je ne veux pas inviter ta mère.**
MME GUÉRIN : **Non, je ne veux pas l'inviter.**

d) ANNE : Julien, tu **vas** dormir toute la journée ?
JULIEN : **Oui, je veux dormir toute la journée.**

e) MME GUÉRIN : Julien, tu **vas** embrasser ta grand-mère ?
JULIEN : **Non, je ne veux pas embrasser ma grand-mère.**
JULIEN : **Non, je ne veux pas l'embrasser.**

f) ANNE : Papa, on **va** partir en vacances[1] ?
M. GUÉRIN : **Non, maman et moi, nous ne voulons pas partir en vacances[1].**

g) JULIEN : Maman, papa **va** vendre la voiture ?
MME GUÉRIN : **Oui, papa veut vendre la voiture.**
MME GUÉRIN : **Oui, papa veut la vendre.**

h) ANNE : Maman, papa **va** parler avec mon prof[2] ?
Mme Guérin : **Oui, papa veut parler avec ton prof[2].**

Hinweise:

1 *partir en vacances*

2 Bei der Abkürzung *prof* kann man einen Lehrer klar von einer Lehrerin unterscheiden: *le prof* vs. *la prof*. Möchtest du allerdings die vollständige Form verwenden, musst du immer *le professeur* sagen, egal ob es sich um einen Lehrer oder um eine Lehrerin handelt.

be 100 a) Les Gayan **ne passent pas les vacances au bord de la mer/ à la mer/à la plage**.
b) Tu **ne regardes pas la télé** ?
c) David **ne prend pas d'appareil-photo/de photos**.
d) Vous **ne jouez pas aux cartes** ?
e) Je **ne trouve pas mon/le portable**.
f) Le train **n'arrive pas à deux heures (moins deux)**.

be 101 a) Nathalie ne veut pas rentrer maintenant.
b) Patrick n'aime pas jouer du violon.
c) Les animaux ne savent pas parler.
d) Tu ne peux pas rester tranquille ?
e) Ce travail ne va pas être facile.
f) Je ne veux pas répondre tout de suite.
g) Tu ne sais pas jouer du piano ?
h) Beaucoup d'enfants n'aiment pas manger des légumes.
i) Nous ne voulous pas aller au théâtre.
j) Vous ne pouvez pas attendre un peu ?
k) On ne peut pas visiter le château aujourd'hui.

be 102

Ce ne sont pas	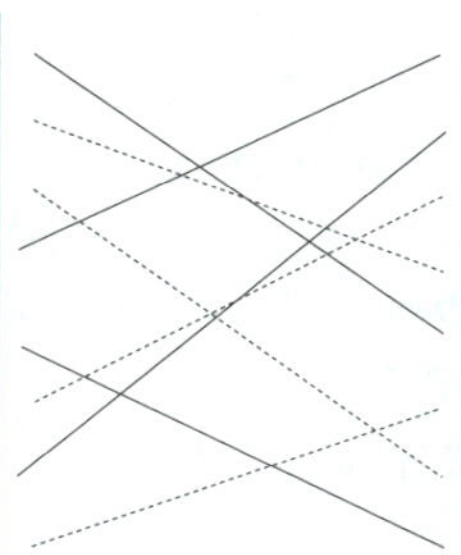	le bruit.
Mes enfants ne sont pas		de problèmes.
Est-ce que tu n'aimes pas		une faute.
M. Gayan n'aime pas		des voleurs.
Je ne comprends pas		les propriétaires.
Ce n'est pas		de vin ?
Je ne veux pas		les animaux ?
Est-ce que vous ne buvez pas		la question.

1. Ce ne sont pas les propriétaires.
2. Mes enfants ne sont pas des voleurs.
3. Est-ce qu tu n'aimes pas les animaux ?
4. M. Gayan n'aime pas le bruit.
5. Je ne comprends pas la question.
6. Ce n'est pas une faute.
7. Je ne veux pas de problèmes.
8. Est-ce que vous ne buvez pas de vin ?

Aufgabe 103* Individuelle Lösung

Questionnaire

I Oui, j'aime les légumes./
Oui, je les aime.
Non, je **n'aime pas les** légumes./
Non, je **ne les aime pas**.

I Oui, nous avons un chien (à la maison).
Non, nous **n'avons pas de** chien (à la maison).

III Oui, je joue du piano.
Non, je **ne joue pas de** piano.

IV Oui, j'aime faire mes devoirs./
Oui, j'aime les faire.
Non, je **n'aime pas** faire mes devoirs./
Non, je **n'aime pas les faire**.

V Oui, je vais aller au lit à 8 heures ce soir.
Non, je **ne vais pas aller** au lit à 8 heures ce soir.

VI Non, je **ne vais pas** à l'école en hélicopter.

VII Oui, je suis dans une association sportive.
Non, je **ne suis pas** dans une association sportive.

VIII Oui, mon père sait réparer sa voiture./
Oui, il sait la réparer.
Non, mon père **ne sait pas** réparer sa voiture./
Non, il **ne sait pas la réparer.**

IX Oui, ma mère aime la musique rock./
Oui, elle l'aime.
Non, ma mère **n'aime pas** la musique rock./
Non, elle **ne l'aime pas**.

X Oui, mes grands-parents parlent français./
Oui, ils le parlent.
Non, mes grands-parents **ne parlent pas** français./
Non, ils **ne le parlent pas**.

be 104

Caroline fait toujours ses devoirs.	*Adrien ne fait jamais ses devoirs.*
Elle aide toujours sa mère.	*Il n'aide jamais sa mère./ Il ne l'aide jamais.*
Au collège, elle comprend tout.	*Au collège, il ne comprend rien.*
A 11 heures du soir, elle n'est plus dans la rue.	A 11 heures du soir, il est encore dans la rue.
Elle ne fait plus de bêtises.	Souvent il fait encore des bêtises.
Elle ne dort pas longtemps.	Il dort longtemps.
Elle aime lire.	*Il n'aime pas lire.*
Elle mange toujours à table avec ses parents.	*Il ne mange jamais à table avec ses parents.*
Elle est toujours polie.	*Il n'est jamais poli.*
En allemand elle apprend tout par cœur.	*En allemand il n'apprend rien par cœur.*
Elle ne mange jamais de frites./ Elle ne les mange jamais.	Il mange toujours des frites.
Elle respecte tout.	*Il ne respecte rien.*
Ses mains ne sont jamais sales.	Ses mains sont toujours sales.
Elle raconte tout à ses parents.	*Il ne raconte rien à ses parents./Il ne leur raconte rien.*
Ce n'est pas une fille sympa.	C'est un garcon sympa!

Aufgabe 105

- « Bonjour, Madame. »
- « Bonjour Madame. Qu'est-ce que je peux faire pour vous ? »
- « Je voudrais un kilo de tomates, s'il vous plaît. »
- « Oh, je **n'ai plus de tomates**. »
- « Alors, je prends des pommes de terre. »
- « Je **n'ai pas de pommes de terre**. »
- « Qu'est-ce que vous avez comme légumes ? »
- « Je **n'ai pas de légumes**. »
- « Mais vous **n'avez rien** ! »
- « Comment rien ? »
- « Vous **n'avez jamais** ce que je veux. »
- « C'est parce que vous **ne demandez jamais** ce que j'ai. Ecoutez, je **n'ai pas** le temps[1] de discuter avec vous. Ce **n'est pas** une épicerie ici, vous êtes dans une parfumerie, Madame. »

Hinweis:

1 Merke dir den Ausdruck *je n'ai pas le temps*. Bei ‚keine Zeit haben' wird im Französischen entgegen der Regel auch in der Verneinung der bestimmte Artikel verwendet!)

… rund um den Satz

Aufgabe 106

a) Cet après-midi, Martine a rendez-vous avec Daniel.
A 15 heures, elle rencontre son ami sur la place Turenne.

b) A midi, Daniel mange des sucreries.
Une demi-heure[1] après, il a mal au ventre.

c) Le mercredi[2] après-midi, les élèves ne vont pas à l'école.
Ils peuvent rester à la maison.

d) René aime jouer à l'ordinateur dans sa chambre.
Il fait des jeux sur Internet.

e) Aujourd'hui, Philippe et Marc vont chez Luc.
Il aide ses copains avec leurs devoirs.

Hinweise:

1 Bei *demi-heure* wird das Adjektiv *demi* nicht an *heure* angepasst: *une demi-heure*. Aber: *une heure et demie*!

2 Vor dem Wochentag steht ein Artikel. Das heißt, das dies jeden Mittwoch so ist.

be 107 SÉVERINE et SOPHIE : Tu **nous** montres les photos de vacances ?
CAROLINE : Vous voulez **les** voir maintenant ?
SÉVERINE et SOPHIE : Pourquoi est-ce que tu **nous** demandes ?
Tu ne veux pas **les** montrer ?
CAROLINE : Si, je veux **vous** montrer les photos.
Mais il y a une photo un peu bizarre.
Je ne peux pas **la** montrer.
SÉVERINE et SOPHIE : Pourquoi est-ce que tu ne **la** montres pas ?
CAROLINE : Je ne **l'**ai pas dans l'album.
SÉVERINE : Où est-ce que tu **l'**as ?
CAROLINE : Je ne peux pas **te** dire où elle est.
SÉVERINE : Mais nous sommes des copines. Tu peux **me** dire tout.
CAROLINE : Eh ben, je **la** porte toujours sur moi.
C'est parce que la photo **me** montre avec Cédric.

be 108
a) Les filles jouent aux cartes ?
Est-ce que les filles jouent aux cartes ?
b) Mme Berthod fait la cuisine ?
Est-ce que Mme Berthod fait la cuisine ?
c) Il fait un rêve ?/Il rêve ?
Est-ce qu'il fait un rêve ?/Est-ce qu'il rêve ?
d) Les Gayan[1] partent en vacances ?
Est-ce que les Gayan[1] partent en vacances ?
e) Marie présente Caroline à Cédric ?
Est-ce que Marie présente Caroline à Cédric ?
f) Tu prends une photo ?
Est-ce que tu prends une photo ?
g) Julien a peur ?
Est-ce que Julien a peur ?
h) M. Guérin prend le train ?
Est-ce que M. Guérin prend le train ?
i) Il demande l'heure[2] ?
Est-ce qu'il demande l'heure[2] ?

Hinweise:

1 An Familiennamen wird im Französischen nie ein *-s* angehängt.

2 *demander l'heure à qn*

Aufgabe 109

a) Alexis, tu vas où ? – **Alexis, où est-ce que tu vas ?**
Je vais au stade.

b) Au stade ? Tu y vas comment ? – **Comment est-ce que tu y vas ?**
A vélo/en vélo.

c) Ils jouent quand ? – **Quand est-ce qu'ils jouent ?**
Ils jouent à trois heures et demie.

d) Tu rentres à quelle heure ? – **A quelle heure est-ce que tu rentres ?**
Je rentre à cinq heures et quart.

Aufgabe 110

a) A quelle heure est-ce que le train part ?
b) Comment est-ce que je vais à la gare ?
c) Pourquoi est-ce que papa n'est pas encore là ?
d) Où est mon portable ?
e) Comment est-ce que je porte trois valises ?
f) Qui m'accompagne à la gare ?
g) (Est-ce que) Je dois changer de[1] train ?
h) Qu-est-ce que je mange dans le train ?
i) Quand est-ce que le train arrive en Allemagne ?
j) Est-ce qu'on fait la bise en Allemagne ?
k) Où sont les cadeaux pour Julia ?
l) Qui a mon ticket/billet ?

Hinweis:

1 *changer de train* (z. B. auch *changer de place*)

Aufgabe 111

a) Avec qui est-ce que tu fais les devoirs ?
b) Pour qui est-ce que Mme Gayan fait le repas ?
c) Qu'est-ce que tu regardes ?
d) Qui lit les annonces ?
e) Contre qui est-ce qu'on joue ?
f) A qui est-ce que Caroline téléphone ?
g) Que font les Berthod ?
h) Qu'est-ce que vous buvez ?
i) A qui est-ce qu'il demande ?
j) Pour qui est-ce que les Gayan font une fête ?
k) Avec qui est-ce que Philippe discute ?
l) Que fait Christine ?
m) Qu'est-ce que vous voulez ?

abe 112 a) ADRIEN : **Comment est-ce que tu t'appelles ?**
ADRIEN : **Tu t'appelles comment ?**
MARC : Je m'appelle Marc.
b) ADRIEN : **Où est-ce que tu habites ?**
ADRIEN : **Tu habites où ?**
MARC : J'habite rue Blaise Pascal.
c) ADRIEN : **Est-ce que tu habites dans une grande maison ?**
ADRIEN : **Tu habites dans une grande maison ?**
MARC : Oui, j'habite dans une grande maison.
d) ADRIEN : **Est-ce que tu as des sœurs et des frères ?**
ADRIEN : **Tu as des sœurs et des frères ?**
MARC : Oui, j'ai deux sœurs et un frère.
e) ADRIEN : **Qu'est-ce que tu aimes ?**
MARC : J'aime le sport et la musique rock.
f) ADRIEN : **Où est-ce que ton père travaille ?**
ADRIEN : **Ton père travaille où ?**
MARC : Mon père travaille à l'hôtel de ville.
g) ADRIEN : **Est-ce que ta mère travaille ?**
ADRIEN : **Ta mère travaille ?**
MARC : Non, ma mère ne travaille pas.
h) ADRIEN : **Comment est-ce que tu vas au collège ?**
ADRIEN : **Tu vas au collège comment ?**
MARC : Je prends le bus pour aller au collège.
i) ADRIEN : **Pourquoi est-ce que tu prends le bus ?**
ADRIEN : **Tu prends le bus ? Pourquoi ?**
MARC : Je prends le bus parce que je n'ai pas de vélo.
j) ADRIEN : **Est-ce qu'on va au collège ensemble ?**
ADRIEN : **On va au collège ensemble ?**
MARC : Oui, si tu veux on peut aller au collège ensemble.

abe 113
1 **Quand est-ce que** Luc habite chez ses grands-parents ?
2 **Qui** habite chez ses grands-parents pendant les vacances ?
3 **Que/Qu'est-ce que** fait Luc pendant les vacances ?/
4 **Où est-ce que** Luc habite pendant les vacances ?/
Chez qui est-ce que Luc habite pendant les vacances ?
5 **Pourquoi est-ce que** Luc habite chez ses grands-parents pendant les vacances ?
6 **Avec qui est-ce que** Luc aime faire du cheval ?

Hinweis:
Sobald du an das Verb eine längere Ergänzung anschließt, wird die Frage mit nachgestelltem Fragewort unüblich.

… rund um die Rechtschreibung

Aufgabe 114

a)	[diferɑ̃]	**différent**	b)	[vwala]	**voilà**
c)	[kɔlɛr]	**colère**	d)	[elɛktrik]	**électrique**
e)	[deʒa]	**déjà**	f)	[bɛt]	**bête**
g)	[bjɛ̃to]	**bientôt**	h)	[medsɛ̃]	**médecin**
i)	[elɛv]	**élève**	j)	[ɛ̃teresɑ̃]	**intéressant**
k)	[frɑ̃sɛ]	**français**	l)	[aʒ]	**âge**
m)	[vɛtmɑ̃]	**vêtements**	n)	[kɔmɑ̃sɔ̃]	**commençons**

Aufgabe 115

Chère Julia,

Comment ça va ? Moi, je vais très bien parce que, aujourd'hui, c'est mercredi et je ne vais pas à l'école. Tu sais, les élèves français n'ont pas cours le mercredi après-midi, et voilà, j'ai un peu de temps pour écrire. Mais pas trop parce que après, à cinq heures, je vais au club de théâtre avec ma copine Cathérine. Elle habite juste à côté et elle est du même âge que moi.

Aujourd'hui, j'ai un peu peur parce que, dans une scène, je dois embrasser un garçon. En plus, c'est un garçon très intéressant. Je rêve de ce garçon depuis longtemps. Son prénom est Cédric et il joue même de la guitare électrique dans un groupe rock ! C'est génial, tu ne trouves pas ?

Zut, il est déjà 4 heures et demie. Je dois partir maintenant. Demain, je vais te raconter tout dans une deuxième lettre.

Salut et à bientôt,

Caroline

P.S. Tu peux me donner ton numéro de téléphone ?

Notizen

Notizen

Bildnachweis

S. 1 Schlange: © Bernd Wiedemann
S. 4 Haus: © Gvision/Dreamstime.com
Tür: © Guenther Dr. Hollaender/Dreamstime.com
Strand: Sebas Pothe/www.sxc.hu
Katze: © Philippe Ramakers/Dreamstime.com
Mauer: © Carles López/www.sxc.hu
Torte: © Vvvstep/Dreamstime.com
Vogel: Mairead Neal/Dreamstime.com
Weg: © Rewat Wannasuk/Dreamstime.com
Sonne: © John Boyer/www.sxc.hu
Küche: © Nick Stubbs/Dreamstime.com
Turm: © Dan Talson/Dreamstime.com
S. 9 Fußball: © Vincent Giordano/Dreamstime.com
S. 10 Auto: © Ericus/Dreamstime.com
Vogel: © Linda Bucklin – FOTOLIA
Hunde: © Jan De wild/Dreamstime.com
S. 11 Computer: © Goce Risteski/Dreamstime.com
Geschenke: © Gaspar Avila/Dreamstime.com
Hosen: © Arturo Limon /Dreamstime.com
Teller: © Redaktion
S. 12 Fleisch: © Thomas Perkins/Dreamstime.com
Spaghetti (Glas): © Nicholas Rjabow/Dreamstime.com
Spaghetti (Teller): © Bora Ucak/Dreamstime.com
Tomatensauce: © Monika Adamczyk – FOTOLIA
Salat: © Marc Dietrich/Dreamstime.com
S. 13 Wasser: © Rafa Irusta/Dreamstime.com
Cola: © Amarcudic/Dreamstime.com
Schokolade: © Millan/Dreamstime.com
Obst: © Claudia Carlsen/Dreamstime.com
Karten: © freshpix – FOTOLIA
Fernseher: © Orest/Dreamstime.com
S. 16 Marmelade: © Monika Adamczyk/Dreamstime.com
Honig: © Elke Dennis/Dreamstime.com
Apothekenzeichen: © Ralf Herschbach/Dreamstime.com
Krankenhauszeichen: © Dawn Hudson/Dreamstime.com
S. 17 Gitarre: © Vladimir Mucibabic/Dreamstime.com
Geige: © Joachim Angeltun/Dreamstime.com
Vogel: © Clint Scholz/Dreamstime.com
Katze: © Monika Wisniewska/Dreamstime.com
Inliner: © David Coleman/Dreamstime.com
Fußball: © Danijel Micka/Dreamstime.com
S. 19 Spaghetti: © Redaktion
Schokolade: © Christophe Testi/Dreamstime.com
S. 20 Wasser: © Rafa Irusta/Dreamstime.com
Kartoffeln: © Redaktion
Eier: © Redaktion
Tomaten: © Lana Langlois / Dreamstime.com
Bananen: © q83/www.sxc.hu
Äpfel: © Redaktion
Erdbeeren: © Redaktion
S. 24 Buch: © Feng Yu/Dreamstime.com
Hochhaus: © Thorsten/Dreamstime.com
S. 25 Illustration: © Bernd Wiedemann
Junge: © Sunlu4ik/Dreamstime.com
Vogel: © Eric Isselée/Dreamstime.com
Mantel: © neckermann.de GmbH
Geschenk: © Axel Drosta/Dreamstime.com
S. 31 Bäume: © Jörg Röse-oberreich/Dreamstime.com
Kleider: © Elena Elisseeva/Dreamstime.com
Blumenstrauß: © Marlena Zagajewska/Dreamstime.com
S. 32 Auto 1: © Michael Shake/Dreamstime.com
Auto 2: © Michael Shake/Dreamstime.com

Katzen: © Yoyoshot/Dreamstime.com
Obst: © Denis Pepin/Dreamstime.com
Häuser: © Noah Strycker/Dreamstime.com
S. 33 Symbole Mann/Frau: © Bob Ainsworth/Dreamstime.com
S. 39 Würfel: © Redaktion
S. 41 Brille: © Ann Triling/Dreamstime.com
S. 43 Briefpapier: © Rewat Wannasuk/Dreamstime.com
Computer: © Dino Ablakovic/Dreamstime.com
Inliner: © Matt Baker/Dreamstime.com
Gitarre: © Vladislav Lebedinskiy/Dreamstime.com
CDs: © Jostein Hauge/Dreamstime.com
S. 44 Hosen: © Oleksandr Kalyna/Dreamstime.com
Hund: © Eric Isselée/Dreamstime.com
Radio: © Alvaro Arroyo Puente/Dreamstime.com
Bücher: © Ozgur Artug/Dreamstime.com
Handy: © Jan Martin Will/Dreamstime.com
S. 48 Foto: © Rosmizan Abu Seman/Dreamstime.com
Seil: © Paulo Resende/Dreamstime.com
Handy: © Kai Koehler/Dreamstime.com
S. 49 Karte: © Stephen Sweet – FOTOLIA
Helm: © Tim Armes/Dreamstime.com
Stiefel: © Matt Egginton/Dreamstime.com
Flasche: © Jim Mills/Dreamstime.com
S. 56 Auto: © Ericus/Dreamstime.com
S. 57 Birne: © Valentin Mosichev/Dreamstime.com
Erdbeere: © Mackon/Dreamstime.com
Banane: © Davide Guglielmo/www.sxc.hu
Pflaume: Image provided by Dreamstime.com
Apfel: © Sanja Gjenero/www.sxc.hu
S. 59 Hütchen: © Gina Smith/Dreamstime.com
S. 76 Teller: © Denis Campione/Dreamstime.com
S. 80 Bett: © Lepas/Dreamstime.com
Haus: © Lorna/Dreamstime.com
Bahnhof: © Jan Kranendonk/Dreamstime.com
Strand: © Marek Cech/Dreamstime.com
S. 81 Berge: © Lane Lambert/Dreamstime.com
Klassenzimmer: © Gilles Glod/Dreamstime.com
Bäcker: © Lempérière Francis – FOTOLIA
Supermarkt: © Daniela Spyropoulou/Dreamstime.com
Ärztin: © Zsolt Nyulaszi/Dreamstime.com
S. 84: Ballettschuhe: © Konstantin Yuganov/Dreamstime.com
Tennisschläger: © Denis Pepin/Dreamstime.com
Skateboard: © Edik_bartel/Dreamstime.com
Basketball: © Andrzej Tokarski/Dreamstime.com
S. 85 Fahrrad: © Piotr Przeszlo/Dreamstime.com
Seil: © Claudio Baldini/Dreamstime.com
Helm: © Tim Armes/Dreamstime.com
Ski: © Elnur/Dreamstime.com
Inliner: © Matt Baker/Dreamstime.com
Schlagzeug: © Andres Rodriguez/Dreamstime.com
Gymnastik: © Sean Nel – FOTOLIA
Badesachen: © Danish Khan/Dreamstime.com
Fußball: © Danijel Micka/Dreamstime.com
S. 87 Koffer: © Kutt Niinepuu/Dreamstime.com
S. 99 Computer: © Dino Ablakovic/Dreamstime.com
Fahrrad: © Yap Hong Chan/Dreamstime.com
Buch: © Andrzej Tokarski/Dreamstime.com
Handy: © Rik Scott/Dreamstime.com
S. 100 Fernseher: © Orest/Dreamstime.com
Fest: © Rosmizan Abu Seman/Dreamstime.com
Strandsachen: © William Berry/Dreamstime.com
S. 102 Liegestuhl: © Slobodan Djajic/Dreamstime.com
Fernseher: © Orest/Dreamstime.com
Foto: © Aleksej Vasic/Dreamstime.com
Karten: © Luminis/Dreamstime.com
Handy: © Gustavo Fadel/Dreamstime.com
Uhr: © Rob Bouwman/Dreamstime.com
S. 109 Gemüse: © Bora Ucak/Dreamstime.com

Ihre Meinung ist uns wichtig!

Ihre Anregungen sind uns immer willkommen. Bitte informieren Sie uns mit diesem Schein über Ihre Verbesserungsvorschläge!

Titel-Nr.	Seite	Vorschlag

Bitte hier abtrennen

Die echten Hilfen zum Lernen ... **STARK**

19-V1M
Bitte ausfüllen und im frankierten Umschlag an uns einsenden. Für Fensterkuverts geeignet.

Zutreffendes bitte ankreuzen!

Die Absenderin/der Absender ist:

- ☐ Lehrer/in in den Klassenstufen: ____
- ☐ Fachbetreuer/in
  Fächer: ____
- ☐ Seminarlehrer/in
  Fächer: ____
- ☐ Regierungsfachberater/in
  Fächer: ____
- ☐ Oberstufenbetreuer/in
- ☐ Schulleiter/in
- ☐ Referendar/in, Termin 2. Staatsexamen: ____
- ☐ Leiter/in Lehrerbibliothek
- ☐ Leiter/in Schülerbibliothek
- ☐ Sekretariat
- ☐ Eltern
- ☐ Schüler/in, Klasse: ____
- ☐ Sonstiges: ____

Unterrichtsfächer: (Bei Lehrkräften!)

____

STARK Verlag
Postfach 1852
85318 Freising

Kennen Sie Ihre Kundennummer?
Bitte hier eintragen.

Absender (Bitte in Druckbuchstaben!)

Name/Vorname

Straße/Nr.

PLZ/Ort/Ortsteil

Telefon privat

Geburtsjahr

E-Mail

Schule/Schulstempel (Bitte immer angeben!)

Bitte hier abtrennen

Sicher durch alle Klassen!

Lernerfolg durch selbstständiges Üben zu Hause! Die von Fachlehrern entwickelten Trainingsbände enthalten alle nötigen Fakten und viele Übungen mit schülergerechten Lösungen.

Mathematik – Training

Mathematik – Übertritt an weiterführende Schulen	Best.-Nr. 90001
Mathematik 5. Klasse Bayern	Best.-Nr. 90005
Mathematik 5. Klasse Baden-Württemberg	Best.-Nr. 80005
Klassenarbeiten Mathematik 5. Klasse	Best.-Nr. 900301
Mathematik 6. Klasse	Best.-Nr. 900062
Bruchzahlen und Dezimalbrüche	Best.-Nr. 900061
Klassenarbeiten Mathematik 6. Klasse	Best.-Nr. 900302
Algebra 7. Klasse	Best.-Nr. 900111
Geometrie 7. Klasse	Best.-Nr. 900211
Klassenarbeiten Mathematik 7. Klasse	Best.-Nr. 900311
Mathematik 8. Klasse	Best.-Nr. 900121
Lineare Gleichungssysteme	Best.-Nr. 900122
Klassenarbeiten Mathematik 8. Klasse	Best.-Nr. 900321
Algebra 9. Klasse	Best.-Nr. 900138
Geometrie 9. Klasse	Best.-Nr. 900221
Klassenarbeiten Mathematik 9. Klasse	Best.-Nr. 900331
Algebra 10. Klasse	Best.-Nr. 90014
Geometrie 10. Klasse	Best.-Nr. 90024
Klassenarbeiten Mathematik 10. Klasse	Best.-Nr. 900341
Potenzen und Potenzfunktionen	Best.-Nr. 900141
Wiederholung Algebra	Best.-Nr. 90009
Wiederholung Geometrie	Best.-Nr. 90010
Kompakt-Wissen Algebra	Best.-Nr. 90016
Kompakt-Wissen Geometrie	Best.-Nr. 90026

Mathematik – Zentrale Prüfungen

VERA 8 – Mathematik Version C: Gymnasium	Best.-Nr. 955082
Bayerischer Mathematik-Test (BMT) Gymnasium 8. Klasse Bayern	Best.-Nr. 950081
Bayerischer Mathematik-Test (BMT) Gymnasium 10. Klasse Bayern	Best.-Nr. 950001
Vergleichsarbeiten Mathematik 7. Klasse Gymnasium Baden-Württemberg	Best.-Nr. 850061
Vergleichsarbeiten Mathematik 9. Klasse Gymnasium Baden-Württemberg	Best.-Nr. 850081
Vergleichsarbeiten Mathematik 11. Klasse Gymnasium Baden-Württemberg	Best.-Nr. 850011
Zentrale Prüfung 2010 Mathematik – ZP 10 Nordrhein-Westfalen	Best.-Nr. 550001
Mittlerer Schulabschluss Mathematik Berlin	Best.-Nr. 111500
Zentrale Prüfung Mathematik 10. Klasse Gymnasium Brandenburg	Best.-Nr. 1250001
Besondere Leistungsfeststellung Mathematik 10. Klasse Gymnasium Sachsen	Best.-Nr. 1450001
Besondere Leistungsfeststellung Mathematik 10. Klasse Gymnasium Thüringen	Best.-Nr. 1650001

Physik

Physik – Mittelstufe 1	Best.-Nr. 90301
Physik – Mittelstufe 2	Best.-Nr. 90302

Deutsch – Training

Leseverstehen 5./6. Klasse	Best.-Nr. 90410
Rechtschreibung und Diktat 5./6. Klasse mit CD	Best.-Nr. 90408
Grammatik und Stil 5./6. Klasse	Best.-Nr. 90406
Aufsatz 5./6. Klasse	Best.-Nr. 90401
Leseverstehen 7./8. Klasse	Best.-Nr. 90411
Grammatik und Stil 7./8. Klasse	Best.-Nr. 90407
Aufsatz 7./8. Klasse	Best.-Nr. 90403
Aufsatz 9./10. Klasse	Best.-Nr. 90404
Deutsche Rechtschreibung 5.–10. Klasse	Best.-Nr. 90402
Übertritt in die Oberstufe	Best.-Nr. 90409
Kompakt-Wissen Rechtschreibung	Best.-Nr. 944065
Kompakt-Wissen Deutsch Aufsatz Unter-/Mittelstufe	Best.-Nr. 904401
Lexikon zur Kinder- und Jugendliteratur	Best.-Nr. 93443

Deutsch – Zentrale Prüfungen

VERA 8 – Deutsch Version C: Gymnasium	Best.-Nr. 955482
Jahrgangsstufentest Deutsch 6. Klasse Gymnasium Bayern	Best.-Nr. 954061
Jahrgangsstufentest Deutsch 8. Klasse Gymnasium Bayern	Best.-Nr. 954081
Zentrale Prüfung 2010 Deutsch – ZP 10 Nordrhein-Westfalen	Best.-Nr. 554001
Mittlerer Schulabschluss Deutsch Berlin	Best.-Nr. 111540
Besondere Leistungsfeststellung Deutsch 10. Klasse Gymnasium Sachsen	Best.-Nr. 1454001
Besondere Leistungsfeststellung Deutsch 10. Klasse Gymnasium Thüringen	Best.-Nr. 1654001

(Bitte blättern Sie um)